LAND TRANSFER AND
URBAN-RURAL DEVELOPMENT

土地流转与城乡发展

杜雪君　黄忠华 / 著

ZHEJIANG UNIVERSITY PRESS
浙江大学出版社

本书获得多项研究基金的大力支持：

国家社会科学基金项目"农村集体经营性建设用地入市改革的资源配置效应及共享发展机制研究(17BGL130)"

国家自然科学基金面上项目"产业用地供给结构性失衡的形成机理及资源配置效应研究(71774143)"

国家自然科学基金面上项目"产业用地空间错配的形成机制及经济增长效应研究(72074079)"

浙江省哲学社科一般项目"乡村振兴背景下农村土地制度改革的推进路径与政策研究：基于浙江的调研(20NDJC048YB)"

上海市人民政府决策咨询研究基地张永岳工作室课题"上海'十四五'土地制度改革路径与对策研究(2020-GR-49)"

前　言

党的十八大报告提出要走城乡统筹、可持续发展的新型城镇化道路,党的十九大报告提出乡村振兴战略,然而,在城镇化进程中,农村土地流转迟滞弊端日益显现,改革农村土地流转制度、促进土地流转和资源高效配置成为推进新型城镇化和乡村振兴发展亟须解决的重要问题。2017年10月,党的十九大报告提出要巩固和完善农村基本经营制度,深化农村土地制度改革,完善承包地"三权"分置制度。2020年中央一号文件中提到:农村集体建设用地可以通过入股等方式直接用于发展乡村产业。这些政策信号和实践动向对放活农村土地流转、激活农村土地沉睡资产、推进农村土地流转制度改革和新型城镇化发展具有重要意义。

本书是作者近年来围绕土地流转与城乡发展这一主题进行相关研究的工作总结和结晶,相关研究成果陆续发表在 Land Use Policy、Ecological Indicators、China Economic Review、《中国土地科学》和《财贸经济》等国内外学术期刊上,本书正是对这一系列研究成果的整理和总结。

本书内容主要分为四部分:第一部分是制度背景与文献分析,梳理分析相关制度背景、问题和回顾相关研究进展;第二部分是农村土地流转实践与调研,主要调研分析浙江农村土地流转实践探索、典型模式、相关主体行为认知和改革需求;第三部分是产权制度安排、农户土地流转行为与资源配置,主要基于农户问卷调研数据,实证分析农户土地流转行为及其影响因素、地权安全性对农户土地流转意愿的影响、地权安全性、土地流转与劳动力配置、农户拆迁补偿政策偏好、地权安全性的资源配置效应等问题。第四部分是结论与建议,主要探讨新型城镇化和乡村振兴发展背景下土地制度改革的政策建议。本书的研究成果有助于科学认识土地流转与城乡发展的内在联系和作用渠道,为政府制定科学的土地政策提供有益参考。

本书分十二章,各章内容安排和合作者情况具体如下。

第一章"绪论",由杜雪君、黄忠华合作完成。第二章"文献回顾",由杜雪君、黄忠华合作完成。第三章"浙江农村土地流转实践探索、典型模式和调研分析",由杜雪君、黄忠华合作完成。第四章"浙江省农村土地流转典型地区的调研分析",由杜雪君、黄忠华合作完成。第五章"浙江农村土地流转认知与流转现状",由杜雪君、黄忠华、周琳合作完成。第六章"产权认知、行为激励与农民发展:基于浙江的调研",由杜雪君、叶雪晓合作完成。第七章"农户土地流转行为及其影响因素:基于浙江的实证",由周琳、黄忠华合作完成[①]。第八章"地权安全性与农户土地流转意愿:基于山东日照市的调研",由黄忠华、牟志一和杜雪君合作完成。第九章"地权安全性与农地流转、经营:基于浙鲁两省问卷调研",由黄忠华、牟志一和杜雪君合作完成。第十章"农户拆迁补偿政策偏好实证研究:基于选择实验法分析",由黄忠华、牟志一、杜雪君和赵爽爽合作完成[②]。第十一章"地权安全性的资源配置效应:土地和劳动力配置视角",由黄忠华、牟志一合作完成[③]。第十二章"结论与政策建议",由杜雪君和黄忠华合作完成。

本书得到多项研究基金的大力支持:国家社会科学基金项目"农村集体经营性建设用地入市改革的资源配置效应及共享发展机制研究(17BGL130)"、国家自然科学基金面上项目"产业用地供给结构性失衡的形成机理及资源配置效应研究(71774143)"、国家自然科学基金面上项目"产业用地空间错配的形成机制及经济增长效应研究(72074079)"、浙江省哲学社科一般项目"乡村振兴背景下农村土地制度改革的推进路径与政策研究:基于浙江的调研(20NDJC048YB)"、上海市人民政府决策咨询研究基地张永岳工作室课题"上海'十四五'土地制度改革路径与对策研究(2020-GR-49)"。在此表示由衷的感谢!

本书的部分研究工作是探索性的,加上作者水平有限,错误和纰漏在所难免,敬请读者批评指正。

---

① 参见周琳,黄忠华. 农户土地流转行为及其影响因素实证分析:基于浙江的调研[J]. 中国房地产,2017(3):20-28.

② 参见黄忠华,牟志一,杜雪君,等. 农户拆迁补偿政策偏好实证研究:基于选择实验法的分析[J]. 山东农业大学学报(社会科学版),2017(4):48-54.

③ 参见牟志一. 地权安全性对农地流转的影响及资源配置效应研究[D]. 杭州:浙江工业大学,2017.

目　录

第一篇　制度背景与文献分析

第一章　绪　论

　　第一节　研究背景和意义 ……………………………………… 002

　　第二节　研究对象与目标 ……………………………………… 004

第二章　文献回顾

　　第一节　农村土地产权制度与农村土地流转 ………………… 005

　　第二节　农村土地流转现状与问题 …………………………… 008

　　第三节　农村土地流转模式、主体行为 ……………………… 009

　　第四节　农村土地流转的资源配置效应研究 ………………… 009

　　第五节　促进农村土地流转的制度和政策 …………………… 015

第二篇　农村土地流转实践与调研

第三章　浙江农村土地流转实践探索、典型模式和调研分析

　　第一节　浙江农村土地流转实践探索和典型模式 …………… 018

　　第二节　义乌和德清地区农村土地流转调研和比较分析 …… 022

第四章　浙江省农村土地流转典型地区的调研分析

　　第一节　土地是否流转对农民增收和发展的影响：基于浙江德清

　　　　　　洛舍镇的案例分析 ………………………………… 032

　　第二节　区位因素对土地流转的影响：基于浙江德清筏头乡、钟管镇的

　　　　　　案例分析 …………………………………………… 036

第三节　拆迁对农民增收和发展的影响：基于浙江义乌下沿塘村的

案例分析 ··· 039

第五章　浙江农村土地流转认知与流转现状

第一节　受访者个人与家庭信息 ································· 041

第二节　市民化意愿 ··· 046

第三节　土地禀赋和权益情况 ····································· 048

第四节　土地产权制度和流转政策认识 ······················ 056

第五节　土地问题与生活满意度情况 ·························· 065

第三篇　产权制度安排、农户土地流转行为与资源配置

第六章　产权认知、行为激励与农民发展：基于浙江的调研

第一节　调研对象与调研内容 ····································· 070

第二节　数据说明与样本统计分析 ······························ 070

第三节　实证分析及结果 ·· 074

第七章　农户土地流转行为及其影响因素：基于浙江的实证

第一节　变量与数据 ··· 077

第二节　农户土地流转行为影响因素的实证检验 ············ 081

第三节　小　结 ··· 086

第八章　地权安全性与农户土地流转意愿：基于山东日照市的调研

第一节　背　景 ··· 087

第二节　理论分析与研究假设 ····································· 089

第三节　数据来源与模型构建 ····································· 092

第四节　回归结果分析 ·· 098

第五节　小　结 ··· 104

第九章　地权安全性与农地流转、经营：基于浙鲁两省的问卷调研

第一节　背　景 ··· 106

第二节　理论分析与实证检验方法 ······························ 108

第三节　数据说明与描述性证据 ……………………………………… 111

第四节　实证结果分析 ………………………………………………… 114

第五节　小　结 ………………………………………………………… 122

第十章　农户拆迁补偿政策偏好实证研究:基于选择实验法分析

第一节　背　景 ………………………………………………………… 123

第二节　选择实验法的理论框架 ……………………………………… 125

第三节　选择实验设计与样本选择 …………………………………… 127

第四节　实证分析结果 ………………………………………………… 130

第五节　小　结 ………………………………………………………… 135

第十一章　地权安全性的资源配置效应:土地和劳动力配置视角

第一节　理论探讨 ……………………………………………………… 137

第二节　调研和数据 …………………………………………………… 139

第三节　地权安全性对农地资源的配置效应:实证检验 …………… 139

第四节　地权安全性对劳动力资源的配置效应:实证检验 ………… 147

第五节　小　结 ………………………………………………………… 152

第四篇　结论与建议

第十二章　结论与政策建议

第一节　结　论 ………………………………………………………… 156

第二节　政策建议 ……………………………………………………… 159

参考文献 ……………………………………………………………… 163

附录一　供给侧改革下土地要素市场化配置及制度需求调研分析
问卷 …………………………………………………………… 181

附录二　山东、浙江两省农村土地承包经营权流转意愿调查问卷
……………………………………………………………… 186

第一篇

制度背景与文献分析

第一章 绪 论

第一节 研究背景和意义

一、研究背景

党的十八大报告提出要走城乡统筹、可持续发展的新型城镇化道路,党的十九大报告提出乡村振兴战略,然而,近年来,在城镇化进程中农村土地流转迟滞弊端日益显现,改革农村土地流转制度、促进土地流转和资源高效配置成为推进新型城镇化和乡村振兴发展亟须解决的重要问题。2015年以来,中央不断出台支持农村土地流转的信号和政策。2015年5月26日,习近平就规范有序推进农村土地流转做出重要指示,要求各地在探索土地流转实践中要加大政策扶持力度,鼓励因地制宜、循序渐进地推进体制机制创新。2015年8月24日,国务院出台《关于开展农村承包土地的经营权和农民住房财产权抵押贷款试点的指导意见》,提出要落实农村土地的用益物权,赋予农民更多财产权利和"两权"抵押融资功能,稳妥有序地开展"两权"抵押贷款业务。2015年9月8日,浙江省德清县通过招拍挂方式以每亩57.5万元价格成功出让一宗20亩的农村集体经营性建设用地,开启了农村集体经营性建设用地入市改革的先河。2017年10月,党的十九大报告提出要巩固和完善农村基本经营制度,深化农村土地制度改革,完善承包地"三权"分置制度。2020年中央一号文件中提到:农村集体建设用地可以通过入股等方式直接用于发展乡村产业。这些政策信号和实践动向对放活农村土地流转、激活农村土地沉睡资产、推进农村土地流转制度改革和新型城镇化发展具有重要意义。

目前我国农村耕地总体流转率已达 28.8%（赵阳，2014），浙江省 2015 年农村承包地流转率达 48.0% 左右（据浙江省农业厅调查数据）。然而浙江省在土地流转过程中也面临突出问题，如土地流转还不规范、不稳定，承包地经营权的抵押和宅基地流转尚在探索期（党国英，2014）。

新型城镇化的前提是土地要素的自由流动和高效配置。在农村土地实现确权后，促进和加快土地流转，使土地实现规模经营和农民自由离开土地择业和择居，对新型城镇化发展具有重要意义，也是实现新型城镇化发展的重要路径。具体而言：①农村土地流转有助于激活农村沉睡土地资产；②农村土地流转有助于提升农地规模经营和优化配置；③农村土地流转有助于促进劳动力转移和农民增收；④农村土地流转有助于推动新型城镇化发展。

虽然目前中央出台了一系列放开农村土地流转的政策，各地也在积极就农村土地流转进行探索和试点，但当前农村土地流转的真实现状、农户的真实意愿与行为、农户潜在的政策响应究竟如何，作为主体的农户对土地流转究竟怎么看、怎么做，如何基于农户意愿和行为规律有效助推农村土地流转，这些问题亟须进一步深入研究。

本书将围绕土地流转与城乡发展这一主线和主题，在深入比较国内外相关经验和实地调研浙江、山东等地农村土地流转情况的基础上，摸清农村土地流转的现状与特征，揭示农户土地流转的认知、态度、意愿与行为规律，探析农村土地流转制度改革的潜在影响效应，最终提出助推农村土地流转的机制和政策，为推进新型城镇化发展和乡村振兴中的农村土地流转制度改革提供基于证据的政策建议。

二、研究意义

本研究的意义主要体现在以下两方面。

第一，实践意义。推进农村土地流转，既是促进土地适度规模经营和实现城乡土地资源优化配置的重要途径，又是促进劳动力转移和增加农民收入的有效措施。因此，进一步助推农村土地流转是新型城镇化和乡村振兴发展的内在要求。

第二，理论意义。研究新型城镇化发展背景下如何助推农户土地流转的问题，既有助于建构和完善公有制条件下的农村土地市场发展理论，也有助于政府科学制定新型城镇化发展和乡村振兴中的农村土地流转政策，也可为土地改革提供理论指导。

第二节 研究对象与目标

一、研究对象

本书的研究对象主要是农村土地流转，通过实地和问卷调研，摸清各地农村土地流转的现状与特征，揭示农户对土地流转的认知、态度、意愿与行为及影响因素，探析农村土地流转制度改革的潜在影响效应，最终提出完全土地产权制度，促进土地流转和实现城乡资源高效配置的体制、机制和政策。

二、研究目标

第一，通过对国内外农村土地流转政策创新比较成功的地区和浙江省进行比较研究，系统总结国内外在推进城镇化建设过程中农村土地流转的实践、经验和政策启示，揭示浙江省农村土地流转的现状、问题及阻碍因素。

第二，通过对农村土地流转的实地、问卷调研和模型构建，分析农村土地流转制度改革的经济影响和农户对政策的响应，揭示土地流转对农户的潜在影响效应。

第三，基于行为经济学和农户行为等视角，系统地提出助推农村土地流转的机制和政策。在探寻和尊重农户土地流转意愿、偏好和行为特征规律的基础上，基于行为经济学等视角从引导农户行为变化来分析和设计农村土地流转助推机制和政策，实现新型城镇化和农村土地制度改革的和谐联动。

第二章 文献回顾

第一节 农村土地产权制度与农村土地流转

我国现行土地制度下,城市土地和农村土地归属不同,其中城市土地归国家所有,而农村土地归农村集体所有,城乡土地制度差异明显。《中华人民共和国宪法修正案》自 1988 年 4 月 12 日公布后,城市土地市场开始培育,城市土地使用权尝试进行转让(Ho 和 Lin,2003)。然而,农村集体土地仍然不允许交易或用作获得信贷的抵押品(Huang 和 Du,2017a;Li,2012)。这种两级土地制度体系有效地隔离了城乡土地市场,防止了城镇居民在农村购买房产。

与城市土地相比,中国农村土地有着不同的发展轨迹。1949 年中华人民共和国成立后,中央政府启动了土地改革,将以前较大的地主的土地重新分配给失地农民。但是,受社会主义改造的影响,1962 年人民公社将农村土地转为集体所有,其所有人为农业集体经济组织(生产队或村委会)。1978 年农村改革时,第一轮农村土地使用权由集体承包给农民,承包期为 15 年,以后延长到 30 年以上。从而使农地产权更加安全,为农民生产提供了巨大的动力。但农地使用权仍只能在村内流转。

除了农田,中国农村还有大量的居住用地。农村居民点用地占全部建设用地的 63.7%,是城市建设用地的 2 倍(Lin,2009)。我国现行农村宅基地制度具有准入自由、流转禁止的特点。与中国城市贫困公民的基本权利和保障公平的公共住房一样,农村住宅用地也是农民基本福利的一种形式(Huang 和 Du,2015)。村内每户村民可免费申请一宗宅基地。农民只能把房子卖给自己的村民。高度限制的户籍制度限制了居民的流动性,进一步加剧了城乡土地市场的隔离(Wang 等,2012;Li,2012)。虽然城市住宅用地在 20 世纪 90 年代就开始了市场化改革,但近几十年来,农村住宅用地一直受到严格监管,禁止出让。

总体来看,中国农村土地产权制度还不完整,界定不清。由于长期不能交易,农村土地市场尚未形成,导致土地利用效率低下。这一制度使土地无法分配给生产效率更高的用户(Brandt 等,2002 年;Valsecchi,2014 年)。同时,它降低了土地的价值,减少了农民致富的机会(Wu,2009)。此外,城乡土地市场的分割已成为城乡一体化发展的主要障碍(Deininger 和 Jin,2009;Huang 和 Du,2017)。尽管过去几年对资本和劳动力市场的监管有所放松,但迄今为止,农村土地市场一直被政府主导的征地制度分割(Li,2012)。

近年来,由于我国农村居民点用地产权制度不完善,制约了农村居民点用地流转。首先,持续繁荣的城市房地产市场和飙升的城市地价凸显了农村住宅用地的价值,特别是在发达城市的近郊地区。第二,快速工业化和放宽的户籍制度,导致数亿农村劳动力迁移到城市,据国家经济和社会发展统计公报,2016 年的数字约为 2.82 亿,而他们的农村住房出现空置。一些农村劳动力甚至永久性地在城市工作和生活,但仍然让他们的农村土地和财产闲置(Long 等人,2007 年)。此外,许多农民,甚至一些农村集体则违反法律规定,非法流转集体土地,攫取潜在收益。

1978 年以来,我国不断尝试进行土地产权制度改革,积累了丰富的经验。家庭联产承包责任制是改革的第一步,是对农村集体土地使用权的重新界定。之后,1988 年的城市土地改革,重新界定了城市土地的流转权,为之后的农村土地产权改革提供了很好的借鉴。它不仅使城市土地市场蓬勃发展,而且还通过交易和抵押使个人土地资产资本化,为创业企业融资提供了便利(Wang 等,2012 年)。

目前,我国政府正面临着农村宅基地产权制度改革的困境。一方面,政府有动机进行土地所有权制度改革,以减少土地冲突,获得更高的土地配额(Li,2012)。另一方面,政府担心农村土地产权制度改革会阻碍农民征用土地用于城市发展,并威胁到土地租赁收入,而土地租赁收入是地方政府收入的重要来源(Lin,2009)。

为更好地保护农民的财产权利,促进城乡协调发展,自 2009 年起,中国中央政府决定实行土地所有权制度。这是因为土地产权不完整是社会动荡的主要原因,而保持社会稳定是中央政府的当务之急。此外,中央政府还认识到,土地所有权是农村土地改革和农村发展的基础。比如,随着城市土地利用指标的严格执行,地方政府也开始严格执行国土资源部 2003 年发布的"统筹城乡建设用地增减"政策,允许缩小农村居民点用地,提高城镇建设用地定额。该政策在提高土地利用效率的同时,也引发了许多社会矛盾。

土地产权制度不仅是对现有所有权的承认,而且涉及生产和交易成本。首先,划定土地产权需要详细的地籍调查、划界和认证。土地产权制度还要求在地图上明确划定边界,并将所有权与地块联系起来。根据我们对地方政府的调查,每户土地产权的调查和认证成本至少为 200 元(约合 30 美元),这对农村农民来说不是很低的成本(在我们调查的西部地区,大多数农民的月收入不到 2000 元)。第二,土地产权的交易(实施)成本很大,包括解决土地纠纷、冲突和对抗。缺乏自愿参与人群也会增加土地产权的成本。因此,地方政府往往缺乏实施土地产权制度的动力,因为土地产权制度既不能产生财政收入,又会引发社会矛盾。

有几个城市一直在进行农村土地改革试验。例如,2005 年,广东省颁布规定,允许村民在同一乡镇内转让农村财产(包括农村住房和住宅用地)。2012 年,温州成立了"农村产权服务中心",允许村民购买农村房产。2008年,国家实施"统筹城乡发展综合改革"工作。为深化农村土地改革,2015年,中央授权 33 个县(市)开展农村土地改革试点工作,包括土地征收、农村居民点用地和农村集体经营性建设用地改革。然而,土地产权改革并非易事。没有划界和产权,就不可能出现有效的土地产权改革和有序的土地市场(Yoo 和 Steckel,2010;Deininger 和 Jin,2009)。

合理的土地产权制度安排是资源有效利用的前提和决定因素(Lin 和 Ho,2005;Besley 和 Ghatak,2009)。产权不清晰、地权不稳定和不安全会降低生产性投资激励,导致资源的闲置和低效利用(Jacoby,Li 和 Rozeue,2002;Lin 和 Ho,2005;Deininger 和 Jin,2015),并使资源流动面临较高的交易成本,妨碍资源利用效率的提升(Brandt 等,2002;Duranton 等,2015)。

第二节 农村土地流转现状与问题

目前农村土地流转系统化程度和效率还较低,即便在经济发达地区也远没有达到政策制定的目标和理论预期(柏振忠等,2010)。当前农村土地流转存在的突出问题表现在迟滞、不规范、短期化和低效等方面(李恒,2015;Lin 和 Ho,2005)。究竟是什么因素阻碍着农村土地流转的顺利推进?当前学者认为主要有两种原因:第一,产权制度不完善。产权不明晰、地权不稳定和不安全导致农村土地流转面临较高的交易成本,农民担心土地流转后可能丧失土地权利,导致农村土地流转实施困难(Jacoby,Li 和 Rozelle,2002;Deininger 和 Jin,2009)。产权制度不完善也导致农村土地这一宝贵资产长期沉睡,当前自发、隐形和非正式的农村土地流转常带来无序和混乱等问题(王小映,2003;刘守英,2015)。第二,农村土地依然承担着农民社会保障的功能。当前农村社保体系尚未完善,农村土地仍然承担着农民养老、就业保障等多重社会保障功能(晋洪涛,2011),政府和农户都对农地流转比较谨慎。第三,土地流转收益分配失衡。农村土地流转中政府强势主导土地流转过程和收益分配,利益分配失衡,导致农民土地流转的积极性不高(刘守英,2015)。

同时,尽管禁止农村土地流转效率不高,但地方政府坚决坚持城乡土地市场分割。作为土地的实际拥有者,地方政府大量参与了以盈利为目的的土地开发活动,这些土地租赁收入和相关税收约占地方政府财政收入的 30%～60%(Lin 和 Ho,2005 年)。然而,土地征收制度的低补偿遭到了广泛的社会投诉,引发了大规模的社会冲突,甚至威胁社会稳定(Tao 等,2010)。

第三节　农村土地流转模式、主体行为

不少学者从农户主体及其行为视角来分析农村土地流转,主要有以下几个角度。

第一,农户风险感知。农户惧怕风险,不能承担转出土地带来的生产经营风险,也担心土地转出后失地失业失保障,还可能担心农村土地抵押后可能因无力还贷而招致的破产风险(晋洪涛,2011)。

第二,农户土地流转意愿。预期收益、非农化发展情况、风险感知、信息获得和同群效应等因素影响农户土地流转意愿(乐章,2010;罗必良,2014;徐建春,李长斌,徐之寒,等,2014;杨卫忠,2015)。农村土地流转应以尊重农户意愿为前提(陈锡文,2015),然而,在近年来涌现的城乡建设用地增减挂钩、土地综合整治和宅基地置换实践中,由于不尊重农户意愿,政府主导的土地流转导致农民"被上楼"和被强制流转等不良现象,违背了农民意愿。

第三,农户利益受损。农村土地流转时,地方政府干预导致土地征收不能体现土地的市场化价值,农民利益受损,从而引发许多土地冲突(黄祖辉和汪辉,2002;陈利根,陈会广,2003;Ding,2007;袁铖,2011)。如上文提到的城乡建设用地增减挂钩、土地综合整治和宅基地置换等多种制度创新,因政府的过度干预导致农民"被上楼"和被强制流转等不良现象,损害农民利益,引发社会矛盾,同时也降低了资源配置的效率(韩俊,2010a)。

第四节　农村土地流转的资源配置效应研究

一、农村土地流转影响资源配置的路径或机制

要素流动是稀缺资源优化配置的前提和基础。现有研究对农户土地流转有助于提升土地、劳动力资源配置效率的潜力取得了共识,并探讨了农村土地流转影响资源配置的路径或机制。

（一）增强市场机制来竞争性配置土地资源的程度，引导资源合理配置，减少土地闲置和浪费

中国市场经济深化和新型城镇化实践客观要求农村土地要素流动能通过市场机制和市场交易方式来有效配置土地资源（钱忠好和牟燕，2012；严金明和王晨，2011），通过竞争机制来传递正确的价格信号和引导资源的合理配置（张梦琳和陈利根，2008；张梦琳，2011），使资源以最合适的方式流向最需要和最高效的主体、部门或用途，使土地要素的价格能真正反映土地资源的稀缺价值和边际生产率，并减少土地资源的闲置和浪费。土地资产价值在土地要素的自由流动和交易中得到显化，并带来社会福利的增进（张梦琳，2011）。

（二）引导劳动力资源合理配置，为农民工市民化提供资本

长期以来，农村土地资源在农民生活中扮演了多重角色，它既是农村家庭最重要的财富资源，也是劳动场所，同时还承担了社会保障的职能。土地资源对农村劳动力转移的作用是双向的，土地禀赋与劳动力转移成 U 型关系（Yao，2002；Mendola，2008）。Yao（2002）1999 年对安徽的研究发现拥有中等数量土地的农户更倾向于劳动力转移，而 Rozelle（1999）的研究却发现农地禀赋越少者越倾向于劳动力转移。而农村土地产权会改变农户对土地资源和劳动力资源的决策。稳定的地权将激励对土地的投资（Jacoby，Li 和 Rozelle，2002），增加农村对土地的劳动投入，减少农户劳动力的非农转移（Mullan，2010），而农地产权制度完善将促进劳动力根据效率原则进行更好的转移（Kung，2002）。

二、国内外目前关于土地流转及其资源配置效应的研究

土地要素流动能促进资源流动和配置效率提升。通过土地交易和流转，土地配置给更高效利用主体或企业，带来生产性资源和要素投入的增加（Otsuka，2007），并促进劳动力转移（Kung，2002；Mullan 等，2002；De Janvry 等，2015）。土地获得及土地抵押支持将促进企业生产和投资，企业的进入和有效生产将带动当地劳动力需求增加和就业改善，还将给其他企业、行业

和周边地区带来正向溢出效应(Otsuka,2007)。

土地市场不完全和要素流动障碍是世界各国经济发展面临的重要问题,在发展中国家尤为严重。过去几十年,发展中国家如印度、南非、越南和墨西哥等都进行了以确权为基础的土地市场化改革,在培育土地市场和促进要素流动方面成效显著,但仍面临一些历史性和体制性障碍因素,阻碍土地市场的发展和效率(Duranton 等,2015;De Janvry 等,2015)。即使在美国、英国等发达市场经济国家,也面临土地管制失灵和要素流动障碍等问题,阻碍生产率提升、劳动力自由流动和发展的公平性(Furman,2015;Hilber 和 Vermeulen,2016)。世界银行《2017 年世界发展报告:治理与法律》指出,消除结构性和体制性障碍因素、治理制度扭曲、实现发展的公平性和共享性是当前世界各国发展的共同议题。目前国内外关于农村土地流转及其资源配置效应的研究主要包括以下几个方面。

(一)国外研究述评

国外相关研究主要从以下 5 个角度展开。

表 2-1　国外相关研究

研究视角	主要观点	代表性文献
土地产权制度与资源利用	地权明晰、安全是资源高效利用的前提	Lin 和 Ho(2005);Jacoby 等(2002);Deininger 和 Jin(2009);Besley 和 Ghatak(2009);Brandt 等(2002)
土地市场发展与土地价值实现	土地交易与租赁市场发育释放土地利用潜力和价值	Ho 和 Lin(2003);Otsuka(2007);Deininger 和 Feder(2001)
土地要素流动与资源配置效应	要素流动障碍资源高效配置、生产率提升,影响企业、劳动力和周边发展	Mullan 等.(2010);Kung(2002);Chernina 和 Dower;2014;Yao(2002)
土地制度与共享发展	有效与公平的土地制度能惠及更多不同群体,实现收益获得和共享发展	Deininger 等(2015);Furman(2015);Word Bank 和 DRC(2014);Deininger(2003);Li(2012)
国外土地改革经验及成效	发展中国家聚焦土地确权、市场构建;发达国家关注土地管制、微观效率公平	Duranton et al.(2015);De Janvry 等(2015);Hilber 和 Vermeulen(2016)

1. 土地产权制度与资源利用

合理的土地产权制度安排是资源有效利用的前提和决定因素(Lin 和 Ho,2005;Besley 和 Ghatak,2009)。产权不清晰、地权不稳定和不安全会降低生产性投资激励,导致资源的闲置和低效利用(Jacoby 等,2002;Lin 和 Ho,2005;Deininger 和 Jin,2009),并使资源流动面临较高的交易成本,妨碍资源利用效率提升(Brandt 等,2002;Duranton 等,2015)。

2. 土地市场发展与土地价值实现

土地市场发展扩展了土地交易的方式和范围,也使土地的价格信号得到释放,引导资源流向高效利用主体,带来土地价值的实现(Deininger 和 Feder,2002;Ho,2015)。通过市场竞争方式交易的土地,具有更高的价格(Deininger 等,2015;Li,2012)。土地租赁市场的发展也使土地使用潜能得到进一步释放,提升土地的使用价值和经济租金(Lin 和 Ho,2005;Otsuka,2007)。

3. 土地要素流动与资源配置效应

土地要素流动能促进资源流动和配置效率提升。通过土地交易和流转,土地配置给更高效利用主体或企业,带来生产性资源和要素投入的增加(Otsuka,2007;Duranton 等,2015),并促进劳动力转移(Kung,2002;Mullan 等,2010;De Janvry 等,2015)。土地获得及土地抵押支持将促进企业生产和投资,企业的进入和有效生产将带动当地劳动力需求增加和就业改善,还将给其他企业、行业和周边地区带来正向溢出效应(Duranton 等,2015;Otsuka,2007)。

4. 土地制度与共享发展

土地制度安排关系到发展的公平性和共享性。不合理的土地管制阻碍要素流动和生产率提升,加剧收入分配失衡,是共享发展的障碍(Furman,2015;Li,2012)。促进土地公平获得和高效利用的土地制度,将使土地发展收益惠及更多群体,带来包容性增长和共享发展(shared development)(Word Bank 和 DRC,2014;Duranton 等,2015;Deininger 等,2015)。

5.国外土地改革经验及成效

土地改革是发展中国家促进经济发展的重要政策工具,发达国家也将土地改革视为增进经济效率和实现公平的重要手段。前者注重土地确权、土地市场制度构建和鼓励土地流转,在推进土地市场化制度构建方面取得成效(Deininger,2009;De Janvry 等,2015;Duranton 等,2015;Adamopoulos 和 Restuccia,2020);后者注重土地利用分区和土地管制政策调整,追求效率和公平的平衡,但也存在管制过度和失灵的教训(Furman,2015;Hilber 和 Vermeulen,2016)。

(二)国内研究述评

国内相关研究主要从以下 5 个角度展开(见表 2-2)。

表 2-2　国内相关研究

研究视角	主要观点	代表性文献
土地流转限制与资源低效利用	流转限制、非市场化配置导致低效利用和效率改进阻滞	陶然和汪晖,2010;钱忠好等,2012;韩俊,2009;施建刚等,2016;张曙光,2011
土地要素流动与资源配置效率提升	显化价格信号、降低交易成本、增强激励,引导资源高效配置	张梦琳和陈利根,2008;罗必良,2012;陈会广等,2009;谭荣,2010;龙开胜和陈利根,2011
土地收益实现与农户发展	预算约束改变,进行土地、劳动力资源再配置,改变土地投入劳动力迁移决策	韩俊,2010;黄祖辉和汪晖,2002;周其仁,2004;文兰娇和张安录,2016
土地要素供给与企业生产	供地方式和条件影响企业进入,地权安全性增加提高企业用地需求和增加投资,土地抵押促进企业信贷获得	钱忠好等,2011;卢为民,2016;世界银行和国务院发展研究中心,2014;吴群和陈伟,2015;北京大学国家发展研究院综合课题组,2010
农村土地改革与城乡统筹发展	打破城乡土地二元结构,推动城乡资源高效流动,促进城乡统筹和协调发展	田光明和曲福田,2010;蒋省三等,2007;王克强、梁智慧,2010;严金明和王晨,2011;吴次芳等,2010

1. 土地流转限制与资源低效利用

当前我国农村建设用地面临流转限制,其低效利用问题突出(张曙光,2011;施建刚等,2016)。受产权不明晰、土地用途管制和土地征收制度制约,农村集体建设用地现阶段难以市场化流转(韩俊,2009;陶然和汪晖,2010;严金明和王晨,2011)。非市场化配置导致农村集体建设用地的大量闲置和低效利用,流转限制和较高的交易成本妨碍其利用效率的改进(北京大学国家发展研究院综合课题组,2010;钱忠好,2002)。

2. 土地要素流动与资源配置效率提升

土地要素流动影响土地资源优化配置和效率提升,其机制包括:①显化价格信号,引导资源合理配置(张梦琳和陈利根,2008;张梦琳,2011);②降低交易成本,减少土地资源的闲置和浪费(罗必良,2014;陈会广等,2009;谭荣和曲福田,2010);③增强用地主体高效配置和利用的激励(乐章,2010;龙开胜和陈利根,2011)。

3. 土地收益实现与农户发展

农村集体经营性建设用地入市改革将给农户带来财产性收入增加,改变农户的预算约束,进而导致农户土地和劳动力要素的重新配置(韩俊,2010;黄祖辉和汪晖,2002;周其仁,2004;文兰娇和张安录,2016)。农户可能调整土地经营方式和要素投入(田传浩和方丽,2013;陈会广,2012),也可能改变劳动力城乡转移和市民化进入决策(陈会广,2012;刘晓宇和张林秀,2008)。

4. 土地要素供给与企业生产

土地获得方式和条件影响企业的生产经营决策(卢为民,2016;吴群和陈伟,2015)。入市改革释放农村集体建设用地权能,地权安全性增加提高企业用地需求(钱忠好,冀县卿和刘芳,2011;陶然和汪晖,2010),土地抵押权实现增强企业的信贷获得,最终导致企业生产和投资增加(北京大学国家发展研究院综合课题组,2010)。

5. 农村土地改革与城乡统筹发展

农村集体经营性建设用地入市改革是推进城乡统筹发展的重要途径(蒋明和张锦洪,2007;蒋省三等,2007;王世元,2011)。农村土地入市改革将打破现行城乡建设用地二元分割,实现土地同地同权,使农户共享土地发展和增值收益(吴次芳等,2010;王克强,梁智慧,2010),也使城乡资源高效流动和有效配置,促进城乡统筹和协调发展(田光明和曲福田,2010;严金明和王晨,2011)。

第五节 促进农村土地流转的制度和政策

近年来,欧美发达国家越来越注重运用行为经济学来指导和设计公共政策,如美国和英国政府都有基于行为经济学的政策研究团队(如英国的Behavioral Insight Team,美国白宫也有类似机构),结合行为经济学的政策设计方案能显著减少政策成本和改善政策效果,并在发展经济学和公共经济学等领域被广泛应用(Laibson 和 List,2015;Chetty,2015)。著名行为经济学家 Thaler 和 Sunstein 在其 2008 年的大作《助推》(*Nudge*)中将"基于行为经济学,以极小的成本,有效推动公共政策实施"的行为定义作"助推",这一定义迅速传播,他们的这一理论被称为"选择架构理论",在公共政策上产生了革命性影响。为什么要助推? 推荐和引导农户做某种理性行为而不破坏他们的自由选择,助推具有可扩展、低成本、更易成功等优势(Thaler 和Sunstein,2008)。

尽管作为农村土地流转主体的农户其行为具有理性的一面,但其思维和行为也有认知局限、不完全理性和行为偏差(behavioral bias),如受偏见和不准确思考模式影响。因此,从行为经济学和农户行为视角出发探讨农村土地流转的助推政策有较大的前景和潜力。现有研究较少基于行为经济学来研究农户土地流转行为及其影响。事实上,行为经济学能给理解农户土地流转行为和政策设计提供较好的洞见。如由于农户具有损失厌恶(loss aversion)、禀赋效应和羊群行为等行为特性(吴玉锋,2012;杨卫忠,2015),农户可能不倾向于土地流转,希望维持现状土地禀赋和"随大流"(黄婉如,2011)。此外,农户受传统文化影响,可能产生恋地和惜转心理(何玲,刘濛和谢敬,2010)。

现有研究主要从完善产权和土地市场、消除政策扭曲、厘清政府与市场关系等方面来探讨促进农村土地流转的制度和政策。第一，土地产权的界定、实施和保护，产权制度安排是农村土地流转的前提和保障（张曙光，2011；黄祖辉，2013）；要赋予农村承包地和宅基地更完备的用益物权、抵押权和财产权、完善农村土地产权和权能（姜大明，2013；巴曙松，2013）。第二，构建城乡统一的土地市场，特别是构建与城镇统一的农村土地要素市场（田光明和曲福田，2010；王克强，赵露，刘红梅，2010；黄小虎，2013）。第三，逐步消除各种非市场因素和政策扭曲，使价格机制、竞争机制和供求机制在农村土地流转中发挥主导作用（王克强和梁智慧，2010；钱忠好和牟燕，2012；Duke 等，2004），减少政府对土地流转的过多干预，缩小政府征地范围（巴曙松，2013；刘守英，2013）。第四，要进一步厘清市场与政府在土地流转中的关系和作用，建立农村土地流转市场化的体制机制、政策和平台，同时更好发挥政府的监管、服务和引导作用，具体包括完善农村土地流转立法，完善农民集体经济组织和其余中介机构在农村土地市场中的地位和作用，让市场在农村土地流转中起基础性作用（田光明和曲福田，2010；郑振源，2012；王克强和梁智慧，2010）。

第二篇

农村土地流转实践与调研

第三章　浙江农村土地流转实践探索、典型模式和调研分析

第一节　浙江农村土地流转实践探索和典型模式

一、嘉兴"两分两换"模式

早在 2008 年,浙江省政府就提出在杭州、嘉兴、义乌、温州和台州等地区建立省级农村综合配套改革试点区,并指定要求嘉兴探索试验加快推进统筹城乡综合配套改革。嘉兴市因地制宜,实践探索出了农村土地流转的"两分两换"模式。"两分两换"模式,即将农户的承包地和宅基地分开,土地流转和搬迁分开,以土地承包经营权置社会保障,以宅基地换城镇房产。

嘉兴当时启动两分两换模式的背景和条件是:嘉兴地处杭嘉湖平原地区,城市化发展水平却相对滞后,虽然约 80% 的农户已在城镇就业,约 80% 的农户收入来自非农收入,但约有 50% 的农民仍居住在农村。然而,这些就业已在城镇,居住仍在农村的农民依然占用了农村大量的土地,并低效经营或闲置利用。由于职住分散,城镇基础设施难以有效向农村延伸和覆盖。农民也希望居住在城镇和享受城市生活、工作的便利,但又不愿放弃农村的土地。近年来,随着城镇化进一步发展,嘉兴城镇建设用地紧张问题已十分突出,而同时农村建设用地利用却较为浪费。要保障城镇建设用地必须减少农村宅基地面积,但宅基地置换需与承包地流转联动起来才能更好地发

挥效能,嘉兴市正利用城乡建设用地增减挂钩政策工具,同时推进宅基地和承包地的流转。

嘉兴市在充分了解和尊重农民意愿的基础上,探索推行两分两换模式。选择靠近城镇周边的农村地区,集中安置农民公寓,在一些离城镇较偏远的地区选择异地集中迁建,并通过政策引导,集聚到城镇中来。通过土地空间置换,最终实现工业化、城市化和乡村振兴。其中最为典型地区包括嘉兴姚庄镇、龙翔街道和七星镇等三个宅基地置换试点乡镇,通过空间置换土地节约率平均在 50% 以上,腾地潜力巨大。嘉兴模式成功之处在于顺应城镇化发展态势,在政府主导下将农村承包地和宅基地流转联动起来,将宅基地腾退与城镇建设用地指标增加联动起来,促进了城乡土地和劳动生产要素的高效流动和合理配置。

二、义乌市农村土地流转模式:完善的政府考核和市场发展

义乌农村土地流转开始较早,早在 20 世纪 80 年代初期,义乌部分地区出现了自发的农村土地流转。进入 21 世纪以来,由于义乌小商品市场经济的进一步快速发展,大量农村劳动力向城镇转移,加速了农村土地流转。为进一步促进农村土地流转,义乌市政府进一步加强引导和政策支持。如2005 年,义乌市出台《义乌市农村土地承包经营权流转考核奖励办法》和《义乌市农村土地承包经营权流转工作考核办法》,将农村土地流转工作纳入乡镇政府工作考核内容,并安排专项资金来奖励和支持土地流转工作。义乌市政府还要求各乡镇提供相应的配套支持政策来鼓励和推进土地流转。完善和系统的考核制度提高了各级政府推动农村土地流转工作的激励,有力地促进了农村土地流转的规模和范围。

义乌农村土地流转去向范围主要包括:①农业大户经营,如苏溪镇新乐村将改造后的标准农田流转给本村和外村的农业大户经营,农户获得土地租金;②土地入股,以承包地入股合作社,实行按股权分红,如义亭镇畈田朱村将全村土地量化到农户,折合成股份,并成立土地承包权股份服务社,农户按股份参与土地租金收益的分红;③农业企业,农村集体经济组织集中将

农户土地流转给农业企业,由农业企业来经营,农户每年分享固定租金,还可获得打工收入(吴百花,2009)。

目前义乌市农村土地的绩效也十分明显,土地流转比例已达70%以上。通过农村土地流转,化解了农村土地要素的低效供给和制约。义乌市城市建设发展已面临用地指标限制,通过荒地等土地流转也节约和腾出一部分耕地,为城市扩张和工业发展腾出宝贵用地指标。推进农村土地流转,破解了农业生产要素低效分散与现代农业集约规模化经营发展间的矛盾,实现了农业规模经营、农民增收和劳动力转移,有效支持了小商品市场经济的发展。

三、德清农村土地流转模式:产权交易平台保障

德清地处浙江省北部,"五山一水四分田",人均不足1亩耕地,传统的农户小农经济难以适应现代农业规模经营和农民增收的需要。近年来,德清着力推进农村土地流转制度改革,当前75%左右的耕地实现了有效流转,80%左右的农村劳动力转移到第二、三产业,农民非农收入比重达80%以上。

德清土地流转规模和范围迅速扩大,有农户自发因素,但更重要的是有政府因势利导和搭建产权流转交易平台这个"法宝",通过规范、透明、安全和有保障的农村土地产权交易平台有效释放农户手中土地,并流向高效的农业大户和农业企业手中,实现了土地高效配置、农民收入增加和农村发展。

为解决以往农村土地流转非正式和缺乏法律保障的问题,以往农户大多通过口头约定来流转土地,较少签订正式合同。土地行情上涨时,低价转出农地的农户难免后悔,也有企业或老板因经营亏损而拖欠租金,这些因素易导致土地流转双方发生纠纷和冲突,增加了农村土地流转的不稳定因素,导致农村土地产权流转的安全性和稳定性不高,阻碍了农村土地流转进程,也影响了农村的生产和发展。

为此,德清建立了农村土地流转的"三级平台":县级农村土地流转指导中心,乡镇土地流转服务中心和村级土地流转服务站,在乡镇和村建立土地流转台账和档案信息。德清还规范土地流转合同管理,构建土地流转储备库,统一规划、统一对外发表信息和招商。早在2005年时德清农业局就建立

了土地流转仲裁委员会,有效解决土地流转的纠纷冲突问题。

通过建立完善的农村土地流转的平台,德清土地流转有了依托和保障,信息公开和管理规范透明后,土地流转双方的产权预期和信心增强了,能有效化解许多潜在矛盾,发生纠纷时能及时有效解决,给土地流转双方都吃了定心丸。

德清农村土地流转与工业化、城镇化同步发展,农村土地流转促进了农业规模化经营。如五四村近 2000 亩土地由 7 个种粮大户承包经营,既优化了种植结构,又提高了经营效益,也促进了农户向城镇和非农产业转移。目前该村 85% 的劳动力已转移到第二、三产业,农户既获得了稳定的土地租金收入,还能安心从事非农生产,也增加了农户收入。

德清的实践表明,构建完善的土地流转服务平台是有效的,农村土地流转任凭自由发展不行,必须通过政府完善的制度和平台建构,使土地流转在"依法、自愿、有偿"的基础上有充分保障和有序开展。

四、温州农村土地流转:创新多元有偿转包新模式

温州地处浙江南部地区,民营经济较为发达。为破解部分经济发达地区"有地不种,想种无地"的困境,温州市政府通过创新土地流转模式,实现了农地向种粮能手和专业合作社集中的目标,有效遏止了耕地抛荒问题,稳定了农业生产,还促进了农业规模经营和农民增收。

温州农村土地流转实践模式,主要是农户将承包地有偿转包给农业大户和合作社集中经营,包括招投标、中转站式和中介机构等多种合同转包方式。其中农业大户为温州农村土地流转的主要去向,农业大户或种粮能手约承担了 40% 以上的粮食生产。此外,村集体代耕代种也是温州农业生产的重要主体,在部分地区,农户只要缴纳一定的管理费用,便可分享土地上的农业产出,期间各类农务可由村集体委托专业农村合作社和农业合作社打理,对农业生产实行"统一耕作、统一管理、统一服务、统一收割"的一系列社会化服务,促进了土地耕作的社会化生产和服务。

温州主要创新了三种土地流转转包方式,有效遏止了耕地抛荒,稳定了

粮食生产。温州农村土地流转的实践探索表明,创新农村土地流转机制,完善各类农业合作社,是提升农业生产效率的有效途径。在农村非农产业发达地区要稳定粮食生产和提高农村生产效率,农村土地流转和经营机制创新是关键,通过农村土地流转和经营机制和方式创新,不断释放农村土地活力和提升农村土地配置和生产效率,促进土地规模化经营和农业现代化发展水平,并促进农民收入增加和农村经济发展。

第二节 义乌和德清地区农村土地流转调研和比较分析

义乌和德清是浙江土地改革的两个试点地区,其土地流转模式都是在城镇化背景下为破解土地制约瓶颈而进行的土地流转制度创新,本节在义乌和德清案例调研分析的基础上,根据问卷调研数据,比较分析和研究义乌、德清两个试点地区土地流转情况及农户对土地流转的风险认知、态度和行为。

一、土地流转现状

调研结果显示,德清有 58.82% 的农户进行了土地流转,而义乌只有 29.69% 的农户进行了土地流转(见图 3-1),可见,德清农户土地流转倾向和意愿高于义乌的农户。

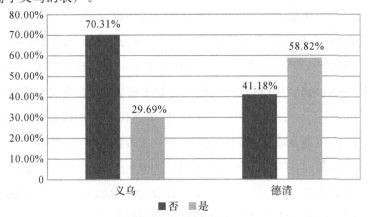

图 3-1 是否发生土地流转

进一步比较分析两个地区的土地流转形式,如图 3-2 所示,义乌和德清土地流转形式主要都以转让、转包为主,这主要受政府政策和当地经济发展的影响。不同的是,义乌在土地流转过程当中,以入股形式进行土地流转的比例明显高于德清,这是因为以资金入股和土地入股(承包经营权)相结合入股企业或合作社,实行按股分红的股份经营模式是义乌农村土地流转模式的重要特征。而德清除了转让、转包外,主要是代耕和抵押的模式居多,分别占了 17.14%。

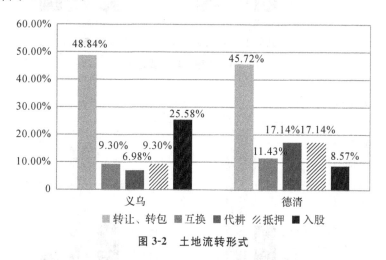

图 3-2 土地流转形式

在土地流转途径方面,义乌和德清相似,主要都是通过村集体组织和政府组织两种途径(见图 3-3)。可见在土地流转过程当中,村集体和政府是重要角色,是土地流转的主要推动力,政府需要推行积极合理的土地流转政策,并充分发挥村集体组织的优势,引导村集体组织进行土地流转。

在土地流转对象方面,义乌和德清在土地流转过程中主要都流转给了村集体或合作社,如图 3-4 所示,分别占了 67.35%、58.54%,这也主要是受当地土地流转模式的影响,义乌的大户经营和合作社经营模式使得这一比重相对较高。值得注意的是,德清有部分农户将土地流转给了农业公司(企业)。将土地流转给农业公司是德清土地流转的一个新的实践尝试,工商资本的下乡和进入可以更加有效地实现农业规模经营和集聚发展,有利于加快农业新技术的应用,降低生产成本,提升效益,并进而促进农村土地流转。

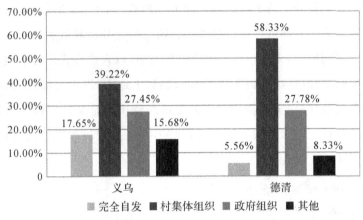

图 3-3　土地流转主要途径

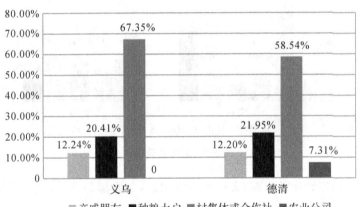

图 3-4　土地流转对象

此外,进一步分析土地调整对土地流转的影响,义乌和德清近年来都经历过数次土地调整,相比较而言,义乌土地调整次数要比德清多(见图 3-5),义乌土地调整主要是因为征地拆迁和土地整治,而德清主要是因为人口变化和村干部意愿(见图 3-6)。可见,在土地调整过程当中,义乌主要通过政府在发挥作用,德清主要是村集体和村干部在发挥重要作用。

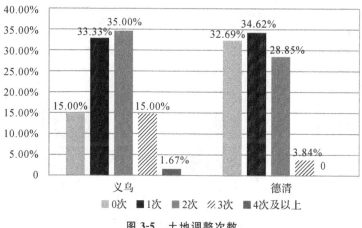

图3-5 土地调整次数

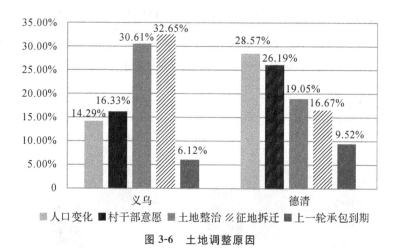

图3-6 土地调整原因

二、土地流转认知

据问卷调查结果，义乌和德清农户在土地流转过程中对土地承包经营权证都不够重视，两个城市60%以上的农户都没有土地承包经营权证，仅有少数的农户拥有土地承包经营权证（见图3-7），这说明在产权认知方面，农村居民的产权意识普遍较低，政府和村集体要加强这一方面意识的培养，对产权有全面的认识，才能更好地保障农户的利益，才能更有效地促进土地流转。

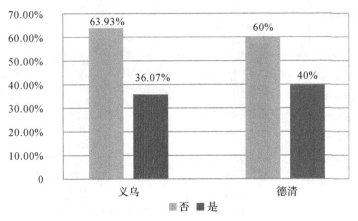

图 3-7　土地承包经营权证

关于土地承包期的认知,义乌和德清农户同样认知还不完善。两个地区 60% 以上的农户都不清楚土地承包期,而且认为自己知道承包期的农户对土地承包期的真正期限认识也是有偏差的,真正知道土地承包期的农户较少(见图 3-8)。

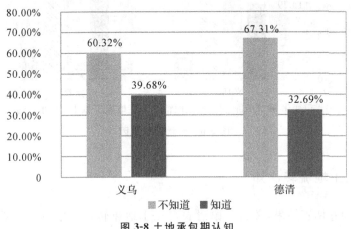

图 3-8　土地承包期认知

图 3-9 显示了义乌和德清农户对土地流转政策认知的情况,可见两个地区农户对土地流转政策的认识较少,两个城市了解土地流转政策的农户均不足 5%,大部分受访农户表示并不知道中央正在积极出台农村土地流转政策,要盘活农村土地资产;相比较而言,义乌农户土地流转政策的认知要较德清要好一些。

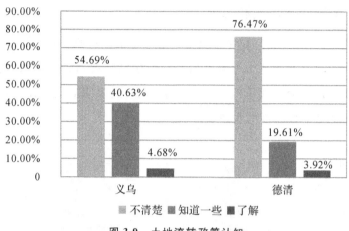

图 3-9　土地流转政策认知

正是因为农户对土地流转的认知较少,所以大部分农户认为土地流转存在风险,而且德清有 21.15％ 的农户认为土地流转的风险很大;认为土地流转风险很小的农户占比很小,仅占 17.31％,义乌也是如此,仅占 14.52％(见图 3-10)。

就问卷调研分析数据而言,义乌和德清农户的土地流转认知都非常薄弱,而且一定程度上影响了农户对土地流转风险的认识。可见,加强农户对土地流转的认知很有必要,只有让农户充分了解土地流转政策,才能让农户正确认知土地流转风险,才能加强农户土地流转意愿,促进土地流转的顺利进行。

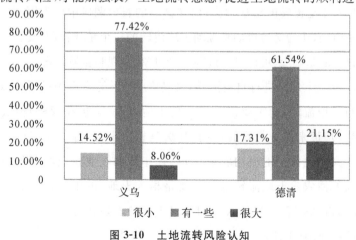

图 3-10　土地流转风险认知

三、土地流转态度和意愿

问卷调研结果表明,在对土地流转后对生活的影响方面,义乌和德清超过一半的农户都不清楚土地流转后自己的生活情况,认为不会比现在差的农户数要比认为会比现在差的农户数量要多,这表明对土地流转持积极态度的农户比持消极态度的农户要多(见图 3-11)。

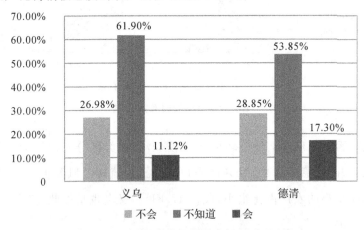

图 3-11 土地流转后生活是否过得比现在差

图 3-12 显示,对于推进土地流转最需要做什么,农户普遍认为政府组织是最重要的,两个地区回答都占了 1/3 左右。不同的是,义乌农户认为成功的样板是推进土地流转的重要因素,成功的样板能够促进农户土地流转的积极性,加强农户对土地流转的信任程度;而在德清的农户调研中认为第二重要的是成立交易市场,认为交易市场是推动土地流转的一个重要机制,交易市场建立在双方自愿的基础上,可以自由选择交易对象,实现利益最大化。

当问及若土地可进行自由流转,义乌 39.66％的农户表示愿意以入股的形式进行土地流转,这主要得益于义乌土地入股(承包经营权)模式的成功实践,给农户带来了一个好的预期;其次是租出土地,占了 32.76％,这也主要得益于义乌地区土地流向农业大户、合作社和农业企业经营的成功实践模式。而德清农户土地流转意向主要是租入土地,占比 35.42％;其次是买卖(转让),占 29.17％;选择入股和租出土地的农户相对较少,仅占 18.75％和 16.67％(见图 3-13)。

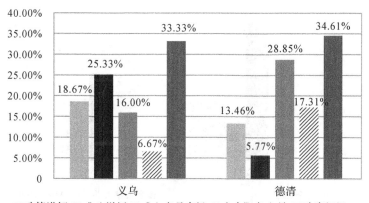

图 3-12　如何推进土地流转

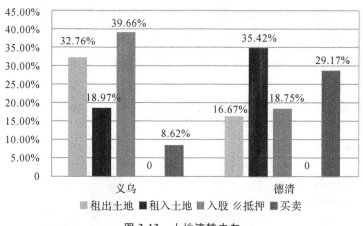

图 3-13　土地流转去向

收益是土地流转最根本的驱动力。在土地流转收益分配方面，义乌和德清两个地区农户的意见并不相同，义乌 55.74% 的农户认为，个人应拿大头，村集体拿小头；而德清 45.10% 的农户认为土地流转收益应该全归个人所有；义乌还有 18.03% 的农户认为土地流转收益应该全归村集体和政府分配，而德清农户中无人认为全归村集体和政府分配（见图 3-14）。由此可见，如何分配土地流转收益也是土地流转过程中的一个影响因素，合理分配土地流转收益有利于推进土地流转。

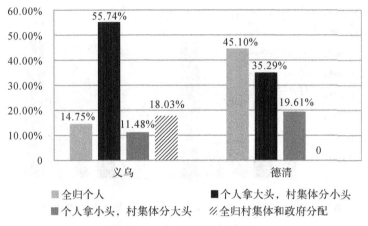

图 3-14　土地流转收益分配

　　义乌和德清农户进城的意愿都不太强烈,对于处置农村土地后进城,75％的农户都表示不愿意,说明土地在农户心中还是很重要的,相比较而言,义乌农户的进城意愿要比德清农户的进城意愿强一些(见图 3-15)。

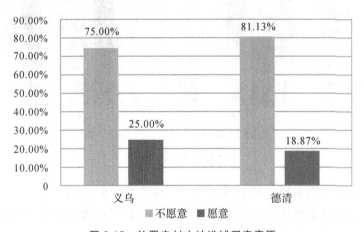

图 3-15　处置农村土地进城买房意愿

　　但是,在以承包地换养老保险方面,义乌有一半以上的农户表示,愿意以承包地换养老保险,而德清仅有 27.78％的农户表示愿意以农村承包地换养老保险(见图 3-16)。这表明养老保险是推进义乌农户进行土地流转的一个重要因素,做好养老保险工作可有效推进义乌的土地流转。

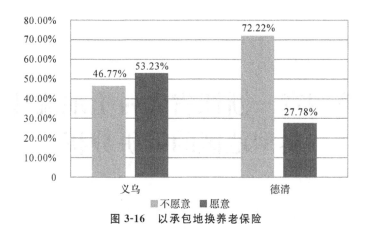

图 3-16 以承包地换养老保险

四、义乌和德清土地流转综合分析

第一,农户自行进行土地流转比较困难,就目前阶段而言,政府和村集体是农村土地流转的主要组织管理者和引导者,集体组织在土地流转过程中发挥了主要的作用。义乌和德清在土地流转过程中都强调自愿原则,但部分农民由于担心收入来源、社保、房价等问题不愿进行土地流转,未来需进一步加强解决这方面的宣传和引导工作。

第二,据问卷调研数据显示,义乌和德清农户对土地流转法律和政策问题了解甚少,由于对土地流转政策缺乏认识,农户进行土地流转的意愿就会受到影响,一些农户进行土地流转主要是跟风和随村集体大流,个人主观意愿及对土地流转风险考虑得很少。在这一方,政府有必要进行政策的引导,正确权衡土地流转风险,提高农户土地流转的积极性。

第三,义乌在土地入股模式下进行流转方面做得比德清要好,而且义乌农户愿意以入股方式进行土地流转的积极性很高,义乌政府可以适当地加以引导,制定合理保护政策,充分发挥土地入股模式下土地流转的优势。德清的一大优势是农业公司介入土地流转,试图通过工商资本下乡和进入,加快土地规模经营和农业集聚发展,有利于更好地实施土地流转政策,提高土地流转效益。

第四,农户进城意愿普遍不高,相比较而言,义乌农户的进城意愿要比德清农户高一些,而且在养老保险推动土地流转方面,土地流转中解决养老保险对义乌土地流转明显起到推进作用。

第四章 浙江省农村土地流转典型地区的调研分析

第一节 土地是否流转对农民增收和发展的影响：基于浙江德清洛舍镇的案例分析

一、案例概述

2015年9月8日,德清进行了浙江省首宗农村集体经营性建设用地使用权拍卖,最终以1150万元的价格成功出让洛舍镇砂村村20亩村级集体土地40年使用权,拍卖引起了社会各界的广泛关注,也正式敲开了农村土地改革的序幕。德清县正式成为全国33个农村土地流转试点县之一。

在德清县洛舍镇洛舍村西直街上经营着一家小卖部的老赵从前家里有两亩三分地,但是常年无人耕种,已经荒废很久了。3年前,村集体进行土地改革,将村民们的土地集体回收,每亩地补偿2.3万元。当时,这笔钱给老赵家的经济带来了生机,老赵利用这笔钱开了这家小卖部,年收入最多的时候可以达到5万元,生活水平相较从前有了大幅度的提高。

老赵说,洛舍村目前城镇化的程度已经比较高了,成了洛舍镇最发达的地区。由于政府大力发展养殖业,引进了许多优秀的养殖企业,因此洛舍村村民的土地基本上流转给了养殖大户用作鱼塘,用于粮食种植的土地已经非常少了。多数家庭没有土地,有些家庭会有几分土地用来种植自家吃的蔬菜。洛舍镇的鱼塘除了产鱼之外,还产青虾、河蟹、龟鳖等,形成了养殖产业链。产业链发展起来了，带动了村里的经济；经济发展起来了，村民的生活水平也在不断地提高。村民流转土地后，大多数人经商去了，做了私营业主，有些人为企业打工，从收入上来看比从前务农高了好几倍。但是也存在一部分人承包的土地由于区位、土质、意愿等原因，没能够进行土地流转，而家中又缺乏劳动力，大片的土地荒废，无人问津，杂草丛生。

另一位受访者是约莫 60 岁的老大爷，他说自己已经五年没有正式工作了，目前依靠着自己拉二胡赚的外快和村里给的养老金过日子，一个月大概 800 元。因为家里女儿嫁出去了，只有自己一个人了，平时的钱也可以养活自己，但是日子过得也不是很舒坦。

当被问及为什么宁可荒废着土地也不肯进行土地流转时，老大爷说："地哪能随便给别人用，别人在上面做什么都不知道，万一把地弄坏了可就什么都没了！"当被告知把地租给别人可以赚一些租金，改善一下生活条件时，老大爷还是不放心把地给别人用，地是自己的根，只要土地在自己的生活还会有些保障，未来赚不了钱了至少还有地，这也算自己唯一的寄托，但给了别人就不好说了。可以看出，这位老大爷对地有着很深的感情和寄托，认为地是自己的根。但他对土地流转的认识存在很多误区，认为土地流转没有什么保障，存在很大风险，所以一直不愿意把地流转出去。

二、案例假设

从两位受访者的生活情况可以看出，老赵的生活比老大爷富裕。老赵通过土地流转使生活水平有了较大提高，而老大爷未进行土地流转，生活比较窘迫，由此我们可以简单假设：进行土地流转有利于农民的增收和发展。

三、实证分析

该假设使用 SPSS20.0 作为数据分析工具，引入相应研究变量，建立 Logistic 二项相关性分析模型，进行以下问题的例证分析。

（一）Logistic 模型分析

以德清县洛舍镇"年收入"和"农民发展情况"（幸福程度和生活情况改善）作为因变量，引入"是否进行土地流转"和"非农业收入占比"等变量。

表 4-1　洛舍镇土地流转程度与增收发展的相关性

变量		幸福程度	生活改善程度	年收入
是否进行土地流转	Pearson 相关性	0.602	0.514	0.142*
	显著性（双侧）	0.756	0.454	0.639
非农业收入占比	Pearson 相关性	0.875	0.628	0.783
	显著性（双侧）	0.663	0.762	0.531

注：① * 表示在 0.05 水平（双侧）上显著相关。

②相关系数（Person）即 r 值，$|r|<0.3$，弱相关；$0.3<|r|<0.5$，中度相关；$|r|>0.5$，高度相关。

相关系数（Person）绝对值越大，则该要素对农民发展和增收影响越显著。由表 4-1 可知如下信息。

（1）根据相关系数，是否进行土地流转（0.142*）与年收入呈正相关性，且对年收入有显著影响。说明若进行土地流转，则年收入增加；反之亦然。

是否进行土地流转与农民幸福程度和生活改善程度呈正相关性，相关系数分别为 0.602 和 0.514。说明若进行土地流转，则农民幸福程度和生活改善程度提高，促进其发展；反之亦然。

（2）收入结构由农业收入与非农业收入组成。收入结构的变化与是否进行土地流转密切相关，进行土地流转会使农业收入占比减少。根据相关系数，非农业收入占比与年收入呈正相关性（0.783）。说明非农业收入占比提高，则年收入增加，间接反映出进行土地流转可以增加农民的收入；反之亦然。

非农业收入占比与农民幸福程度和生活改善程度呈正相关性，相关系数分别为 0.875 和 0.628。说明非农业收入占比提高，则农民幸福感和生活改善程度提高，促进其发展，间接反映出进行土地流转可促进其发展；反之亦然。

综上所述，进行土地流转和提高非农收入占比有利于农民增收和发展。

(二)数据分析

通过 Logistic 建模分析可知,农民进行土地流转或非农业收入占比提高,其收入与发展都会变好。

调查数据显示,洛舍镇 61.84% 的受访者并没有进行过土地流转,只有38.16% 的受访者进行过土地流转(见图 4-1)。44.50% 的村民表示他们的收入主要由非农业收入组成,多数人的收入主体是营业性收入;非农收入占比 61%~80% 的村民占 25.89%;非农收入占 41%~60% 与 21%~40% 的村民并不多,分别占 13.02%,6.36%;而大多数收入由农业收入组成的村民占 10.23%(见图 4-2)。

分析数据可知,洛舍镇的土地流转率并不高,这不利于农民的收入和发展。通过走访可知,农民土地流转意识薄弱、对土地的依赖度高、缺少政府政策引导是导致洛舍镇土地流转率不高的主要原因。因此,应该从这几个方面入手来提高洛舍镇的土地流转率,从而提高农民的收入和发展。洛舍镇非农收入占比较高的人相对较多,但土地流转率不高。这反映出非农收入占比的提高对土地流转率的贡献较低。因此,政府需通过其他方式促进土地流转,积极宣传土地流转政策,引导农民加强对土地流转政策的认知程度,并通过出台相关政策法规,规范土地流转行为,使农民对土地流转的安全性建立信心。

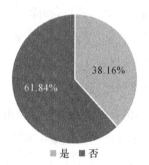

■ 是　■ 否

图 4-1　洛舍镇土地流转情况

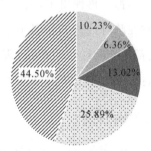

▨ 非农收入占比　▨ 非农收入占比　■ 非农收入占比
0~20%　　　　21%~40%　　　　41%~60%
▨ 非农收入占比　▨ 非农收入占比
61%~80%　　　　81%~100%

图 4-2　洛舍镇非农业收入占比分布

第二节　区位因素对土地流转的影响：基于浙江德清筏头乡、钟管镇的案例分析

一、案例概述

德清筏头乡一位年近 50 却又空闲在家的中年妇女提到自己的现状时表示：土地现在都是空着的，因为毛竹的收入不高，年轻人又害怕辛苦不肯砍毛竹，都跑出去打工了。自己本来可以上山，但是现在毛竹的价格不高，上山又很危险，身体也干不动了。以前依靠毛竹基本可以养活自己，在旺季的时候还会雇佣工人上山砍竹，扣除人工费用，收益还不错，但是现在人工费用贵，毛竹价格基本在 20 多块钱一根，雇一个工人一天的价格至少 200 元，总的算下来还要倒贴，所以现在大家基本都不再打理毛竹地了，很多土地都是荒废的，在毛竹价格高的时候偶尔上山砍砍毛竹。有些村集体集中租入土地来进行一些商业开发，但自己所在村基本为山丘，也不太好进行开发。希望政府部门或者企业可以把荒废的土地集中起来进行开发利用，也可以让自己增加一些收入。

钟管镇的一位大叔表示，政府集中土地进行规划给农户提供了补偿，现在农户基本都不再种田了，而是在镇上上班了，收入却比之前高了很多，现在都是住在政府给造的新房子里，条件比以前好了很多。村里的交通也好了，之前都是破破烂烂的泥路，现在柏油路都通到了家门口。傍晚，大家都会来到村里的广场上休闲、跳广场舞，对身体也好。

二、案例假设

根据实际情况得知，筏头乡旅游业较为发达，因此从事农业的人少，土地大量荒废，存在潜在的转出需求。但筏头乡地处山区，大部分土地用于种植毛竹，难以用于其他项目的开发，流转起来较为困难，流转途径较少，流转方式单一。钟管镇相对于筏头乡，地势较为平坦，土地可以用于多种开发，如发展轻工业、商业开发等，流转起来较为容易。由此，我们可以简单看出：生活在钟管镇的这位村民通过政府组织的土地流转，比生活在筏头乡但却

没有途径将土地流转出去的村民生活条件相对较好。据此,我们可以进行简单假设:土地流转有助于农民的增收与发展。

三、实证分析

(一)Logistic 模型分析

该假设以"幸福程度"和"生活改善程度"为因变量,以"土地调整次数"和"是否进行土地流转"为自变量,建立 Logistic 二项相关性分析模型,得出结果如下。

相关系数(Person)绝对值越大,则该要素对农民发展和增收影响越显著。

表 4-2　筏头乡和钟管镇土地流转程度与增收、发展的相关性

变量		幸福程度	生活改善程度	年收入
土地调整次数	Pearson 相关性	0.182**	0.701	0.736
	显著性(双侧)	0.802	0.808	0.609
是否进行土地流转	Pearson 相关性	0.982	0.628	0.952
	显著性(双侧)	0.149	0.677	0.773

注:**表示在 0.01 水平(双侧)上显著相关。

由表 4-2 可知如下信息。

(1)根据相关系数,土地流转程度对农民幸福程度呈正相关性,其中土地调整次数与幸福程度的相关性为 0.182**,是否进行土地流转与幸福程度的相关性为 0.982,说明进行土地流转,土地调整次数多,年收入增加,则农民幸福感提高;反之亦然。土地流转程度和生活改善程度呈正相关性,其中土地调整次数与生活改善程度的相关性为 0.701,是否进行土地流转与生活改善程度的相关性为 0.628,说明进行土地流转与土地调整次数正相关。

(2)根据相关系数,土地流转程度与年收入呈正相关性,其中土地调整次数与年收入的相关性为 0.736,是否进行土地流转与年收入的相关性为 0.952,对年收入有显著影响,说明土地调整次数和年收入正相关。

因此,根据以上分析得出土地流转程度与农民幸福程度和生活改善,以及农民增收和发展有正影响。

(二)数据分析

通过 Logistic 建模分析可知,土地进行流转,则农民幸福感和生活水平提高;土地调整次数越多,则年收入增加越明显,发展越显著。

调查数据显示,筏头乡 80.43% 的受访者并没有发生过土地流转,只有 19.57% 的受访者发生过土地流转(见图 4-3)。而近 10 年来,经历土地调整次数不大于一次的受访者占比 94.26%(见图 4-4),基本没有受访者表示经历了 4 次及以上的土地调整。钟管镇经历过土地流转的受访者比例高达 79.10%,只有 20.90% 的受访者表示没有进行过土地流转,经历过 3 次以上土地调整的受访者比例占 16.01%。由此可见钟管镇土地流转程度高于筏头乡。

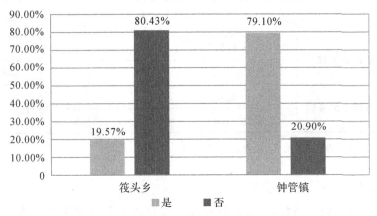

图 4-3　筏头乡、钟管镇土地流转情况

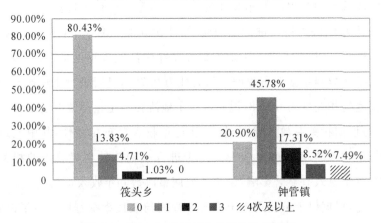

图 4-4　筏头乡、钟管镇土地流转次数情况

虽然筏头乡区域面积大,农民土地流转意愿高,但因区位原因导致其土地用途局限性大,不利于其土地流转,从而间接影响了农民的增收与发展。而钟管镇虽相比筏头乡区域面积小,但其地势较为平坦,土地用途广泛,并在政府的积极引导下,土地流转程度颇高,农民的收入有了一定的增加,生活水平也得到了前所未有的改善。

第三节　拆迁对农民增收和发展的影响:基于浙江义乌下沿塘村的案例分析

一、案例概述

浙江省金华市义乌市稠江街道下沿塘村是义乌市的一个自然村,毗连永祥社区、新村、后申塘村、龙回村,花团锦簇,物产丰富。该村目前大部分已处于拆迁状态,村内房屋拆迁废墟遍地,村户大多已被政府安置搬迁到香溪花园集中居住。该村是国家农村土地改革试验区,也正处于城镇化进程的高速发展中,所以土地流转的程度较高。

49岁的刘女士是下沿塘村本地村民,也经历过本村的土地流转,据她说:"我们村的人大多数都已经搬迁走了,被政府安排在了香溪花园小区里。我们家原来只有一层平房,宅基地面积只有90多平方米,而我们家一共有5口人,一起住在平房中,住得很拥挤,孩子和老人住在一起有很多不方便。原来平时家里能下地的人基本一天到晚都在地里,每年靠种些蔬菜赚些辛苦钱,大概每年有2万多元,给孩子、老人添点新衣服,剩下的钱都存进了银行。我们村离得最近的学校和医院都有10多公里,平时孩子上学,老人看病都不方便。村里平时也没什么文化活动,村里的男人闲的时候聚在一起打打牌、喝喝酒。我们这里是城乡接合部,现在政府要拆了我们的房子造高楼,发展城镇化,所以我们就接受了政府的安排,政府按政策给我们补偿了一些钱,把我们安置到小区里居住,给我们分了一套大房子。现在我们没有地种了,孩子他爸和我现在都在城里找了一份工作,两个人一年现在有三四万元,给新家添了很多新物件。孩子现在离学校也更近了,小区旁边也有医院,老人看病很方便。现在我们住在城里,虽然工作辛苦但是钱也多了,加上之前的补偿,我们现在也可以一家出去旅旅游,平时逛逛大商场,孩子也能去城里的游乐园玩,现在的生活确实跟之前不太一样。希望我们的土地能够流转起来,这样我们老百姓的日子就能变得更好。"

二、案例假设

从刘女士拆迁前后生活情况与收入水平可以看出,刘女士通过政府对房屋的拆迁补偿使生活水平有了较大提高,拆迁后比拆迁前变得更加富裕了,生活水平也有所提高,而拆迁属于土地流转的一部分,由此我们可以简单假设土地流转有助于农民的增收与发展。

三、实证分析

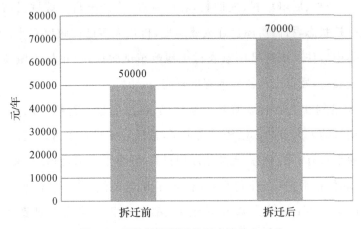

图 4-5　下沿塘村拆迁前后农民收入对比

如图 4-5 所示,下沿塘村村民拆迁前收入平均水平位于 5 万元/年左右,拆迁后收入有所增加,增加约 40%。政府积极引导土地流转,农民通过拆迁得到补偿款,收入发生了直接变化。并且居住环境也得到了一定的改善,农民享受到了更多的城市基础设施服务,如教育、医疗和娱乐等。在城市可以享受到更好的服务,其生活方式也得到了根本上的改善,生活质量得到提高,幸福感得到了提升,有利于农民的长远发展。

第五章 浙江农村土地流转认知与流转现状

本问卷调研对象为浙江省,调研地区包括义乌、德清、东阳、宁波、江山、磐安、嘉兴、慈溪、天台、金华、温州、桐庐、海宁、瑞安、诸暨等城市。调研方法主要是课题组调研人员深入实地发放调查问卷,课题组成员到每个村与村民一对一完成村民问卷,最后共回收 424 份有效问卷。

第一节 受访者个人与家庭信息

一、受访者个人基本信息

比较不同年龄段农户土地流转意愿,发现年龄越轻的农户其土地流转倾向越高,年龄越大的农户其土地流转倾向越低(见图 5-1)。

其他个体基本信息如表 5-1 所示。

年龄结构:受访者年龄主要集中在 41～50 岁和 30 岁及以下,分别占 29.95％和 26.89％;其次是 31～40 岁,占 20.75％;51～60 岁和 61 岁及以上的分别占 15.10％和 7.31％。

性别结构:男性受访者比例约为 55.52％,女性受访者比例约为 44.8％。

文化程度:主要以大专及以上为主,占 35.39％;其次是初中和高中,分别占 28.98％和 20.19％;小学及以下占 15.44％,总体文化程度偏低。

婚姻状态:调查显示,76.66％的受访村民为已婚,未婚的受访对象比例占 23.34％。

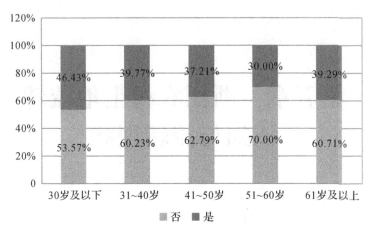

图 5-1 不同年龄组农户土地流转倾向

表 5-1 受访者个人基本信息汇总

年龄	30 岁及以下	31～40 岁	41～50 岁	51～60 岁	61 岁及以上
比例	26.89%	20.75%	29.95%	15.10%	7.31%
文化程度	小学及以下	初中	高中	大专及以上	
比例	15.44%	28.98%	20.19%	35.39%	
性别	男	女			
比例	55.52%	44.48%			
婚姻状况	未婚	已婚			
比例	23.34%	76.66%			

二、受访者家庭情况

受访村民中,大部分家庭都有外出打工者,其中有外出打工者的家庭占 48.23%,无外出打工者的家庭占 51.77%。

家庭人口:受访村民中,家庭中户口在村集体组织中为 3 或 4 人的占 72%;4 人以上、2 人、1 人的比例分别约为 24.23%、3.53% 和 0.24%(见图 5-2)。

受访者家庭成员中户口在村集体组织,又常年居住在村里的一般是 3 人和 4 人居多;3 人、4 人的比例分别为 35.56% 和 42.27%,合计占 77.83%。

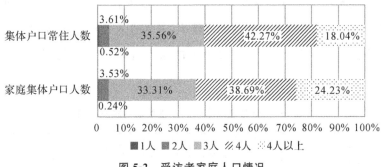

图 5-2　受访者家庭人口情况

家庭收入:受访者家庭总收入大多在 1 万(不含)~10 万元,占 79.58%;1 万元及以下的比例达 5.63%;10 万(不含)~20 万元的家庭占 10.79%;20 万元以上的家庭占 4.00%(见表 5-2)。比较不同收入农户之间的土地流转倾向,可见收入在 3 万~10 万元间农户的土地流转倾向相对较高(见图 5-3)。

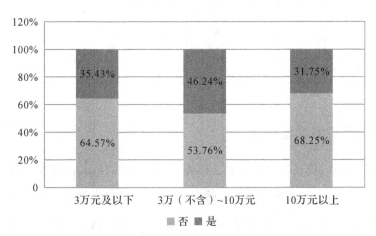

图 5-3　不同收入农户之间土地流转倾向

主要工作:表 5-2 显示,受访者大多以企业人员、务农、私营企业主/个体户为主,分别占 20.55%、20.30%、18.55%;其次是学生和自由职业者,分别占 16.29%、10.53%;其他、无业、退休人员、村干部占少数,分别占 7.27%、2.51%、1.75%、1.75%。

务农收入:平均来看,在家庭总收入中,务农收入所占的比例比较小,农户对务农收入的依赖度较小,其进行土地流转的可能性比较高。问卷数据显示,没有务农收入的家庭占 74.75％;务农收入在 0.5 万元及以下的家庭占 20.99％;以务农收入为主的家庭较少,务农收入为 0.5 万(不含)～1 万元的家庭占 1.66％,1 万(不含)～2 万元的家庭占 0.71％,2 万元以上的家庭占 1.89％。

表 5-2 受访者家庭收入及主要职业情况汇总

年收入	1 万元及以下	1 万(不含)～3 万元	3 万(不含)～5 万元	5 万(不含)～10 万元	10 万(不含)～20 万元	20 万元以上			
比例	5.63％	35.45％	11.03％	33.10％	10.79％	4.00％			
从事的职业	务农	企业人员	私营企业主/个体户	村干部	自由职业者	学生	退休人员	无业	其他
比例	20.30％	20.55％	18.55％	1.75％	10.53％	16.29％	1.75％	2.51％	7.27％
务农收入	0	0～0.5 万元	0.5 万(不含)～1 万元	1 万(不含)～2 万元	2 万元以上				
比例	74.75％	20.99％	1.66％	0.71％	1.89％				

三、受访者其他情况

工作地点:受访者以在外省工作为主,占 58.08％;其次是在本县(市)工作,占 23.02％;在附近村镇工作的占 14.79％;还有小部分人在本省其他县(市)工作,占 4.11％。外出打工一方面能获得额外的收入,另一方面还能学习更多的技能、接受更多的培训。从问卷调查数据显示,大部分家庭有外出务工人员的经验,这有利于提高农户土地流转的倾向和意愿。

是否为党员:党员大多是农村的干部和知识分子,他们所掌握的信息要比普通村民多。另一方面,党员对党和国家的"三农"政策了解要比普通村名深入,具有信息方面的优势。但从问卷数据看来,大多数受访村民不是党员,只有 16.19％的受访者是党员,83.81％的村民不是党员。

是否参加养老保险:养老保险在一定程度上对农地的社会保障功能具

有替代效应,参加养老保险农户的土地流转倾向相对较高。问卷数据显示,只有 31.65％的受访村民没有养老保险,大部分农户都参加了养老保险,其中农村养老保险占 42.21％,城镇居民养老保险占 26.14％(见表 5-3)。

表 5-3　受访者其他情况

工作地点	附近村镇	本县	本省其他县市	外省
比例	14.79％	23.02％	4.11％	58.08％
是否为党员	是	否		
比例	16.19％	83.81％		
是否参加养老保险	无	农村养老保险	城镇居民养老保险	
比例	31.65％	42.21％	26.14％	

图 5-4 显示,是否参加养老保险与参加养老保险的种类对土地流转倾向的影响不显著,无论是否参加了养老保险及参加了何种养老保险,农户土地流转倾向都不到 50％。

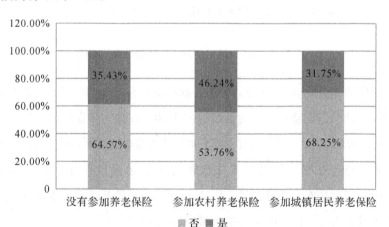

图 5-4　养老保险对农户土地流转倾向的影响

第二节　市民化意愿

在城镇居住或工作意愿:调查显示,有 56.69% 的受访者表示打算在城镇居住或工作,也有 43.33% 的受访者表示没有进城意愿。如图 5-5 显示,农户进城意愿对土地流转倾向影响较不显著,无论农户是否打算在城镇工作或居住,其土地流转倾向都在 40% 左右。

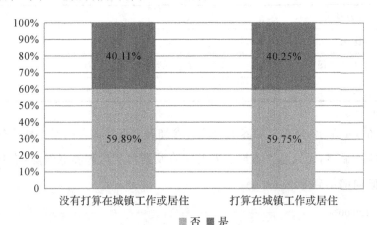

图 5-5　入城意愿对农户土地流转倾向的影响

希望住哪类城市:大部分的受访者都希望住在当地,其中愿意住在当地乡镇的占 37.32%,愿意住在当地县城的占 37.07%;有一部分受访者表示希望住在本省大城市,占 21.95%;还有少部分的受访者希望住在外省城市,占 3.66%。

在选择外省城市的受访者中大部分人表示愿意住在东部大城市,占 55.06%;其次是东部中小城市,占 38.96%;很少有人愿意去中西部,其中中西部大城市占 3.34%,中西部中小城市占 2.64%。

现在的户籍:受访者中农村户籍居多,占 78.02%;城镇户籍占了 21.98%。一般来说城镇户籍农户流转意愿会比农户户籍的农户高一些,而浙江农村中农村户籍的农户占了多数,对土地流转意愿具有一定的影响。

以农村土地换城市户籍:调查显示,78.30% 的受访者都不愿意以农村土地换城市户籍;仅 21.70% 的受访者表示愿意,表明浙江农户进城意愿普遍不高。

以承包地换养老保险:63.21%的受访者表示在土地流转后,不愿意以承包地换养老保险;有36.79%的受访者表示愿意,可见养老保险对土地养老的替换效应在浙江农户中的效果不强,大部分浙江农户对土地的依赖度较高。

图5-6显示,愿意以承包地换养老保险的农户其土地流转倾向要高于那些不愿意以承包地换养老保险的农户,说明做好养老保险工作有利于促进农村土地流转。

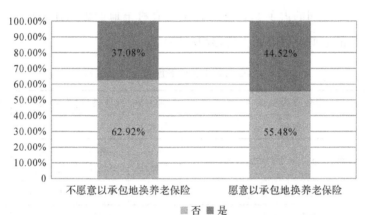

图5-6 以承包地换养老保险对农户土地流转倾向的影响

转让农村的耕地和住房进城买房:大部分受访者不愿意卖掉(转让)农村的耕地和住房进城买房,占78.47%;只有21.53%的受访者愿意卖掉农村的耕地和住房进城买房(见图5-7)。由此可见村民对农村耕地和住房的保留意愿很高,进城意愿很弱。

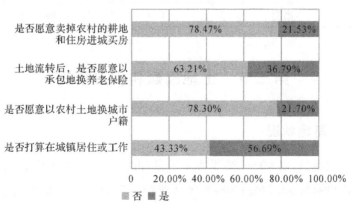

图5-7 受访者市民化意愿

保留农村的耕地和住房：表 5-4 显示，若在城里买了房或在城市工作居住，61.94％的受访者表示一定要选择保留，可能会保留的占 32.86％，没必要保留的占了 5.20％。这表明农户对自己的土地和住房非常爱惜，一般人都会选择保留。

农村土地和住房就是根：农村土地和住房就是自己的根，无论发生什么情况，希望继续保留，对此表示非常赞同的占了 56.80％，有点赞同的占了 34.37％，不赞同的占了 8.83％。村民对农村土地的思想还是根深蒂固的，这对村民的进城意愿有很大的影响（见表 5-4）。

表 5-4　受访者市民化意愿与土地处置倾向

希望住在哪类城市	当地乡镇	当地县城	本省大城市	外省城市
比例	37.32％	37.07％	21.95％	3.66％
若选择外省城市，你希望去	东部大城市	东部中小城市	中西部大城市	中西部小城市
比例	55.06％	38.96％	3.34％	2.64％
现在的户籍	农村	城镇		
比例	78.02％	21.98％		
假设在城里买了房或在城市工作居住，你是否认为有必要保留农村的耕地和房子	没必要保留	可能会保留	一定要保留	
比例	5.20％	32.86％	61.94％	
您是否赞同，农村土地和住房就是您的根，无论发生什么情况，都希望继续保留	不赞同	有点赞同	非常赞同	
比例	8.83％	34.37％	56.80％	

第三节　土地禀赋和权益情况

一、宅基地状况

宅基地面积：以 90～120 平方米居多，占 36.39％；120 平方米以上的大面积住房比例为 32.77％；60～90 平方米的占了 24.10％；而 60 平方米以下的小面积住房占了 6.74％（见图 5-8）。

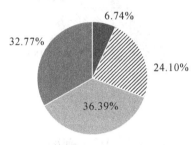

60平方米以下　　≶60~90平方米以上

90~120平方米　　120平方米以上

图 5-8　宅基地面积

　　图 5-9 显示，家庭宅基地面积对农户土地流转倾向影响不显著，拥有不同面积宅基地的农户其土地流转倾向相差不大，这可能是因为农村宅基地是按家庭人口分配的，人均宅基地面积相差较小，所以对土地流转倾向的影响差异不明显。

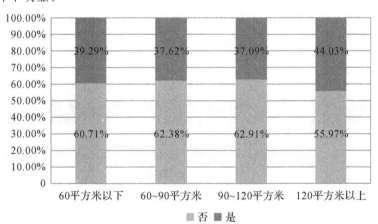

否　　是

图 5-9　拥有不同宅基地面积的农户土地流转倾向

　　大部分受访者家里都有 3 间房及以上，其中有 3 间房的占了 30.81％，有 4 间及以上的农户占 35.78％（见图 5-10）。浙江农户住房面积普遍达到浙江的平均水平，说明浙江农户的生活质量还是比较好的，农户对其住宅的利用机会比较多，这不利于其进行土地流转。

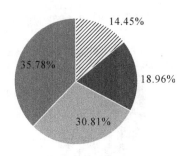

%1间 ■2间 ▨3间 ■4间及以上

图 5-10 家庭住房情况

宅基地使用权：调查显示，81.40％的受访者的宅基地有宅基地使用权，18.60％的受访者的宅基地没有宅基地使用权；70.48％的受访者的房屋拥有产权证，29.52％的受访者的房屋没有产权证。明确的产权制度有利于保障农户的利益（见图 5-11）。浙江农户产权方面做得比较好，其有保障农户土地流转的收益，从而促进农户进行土地流转。

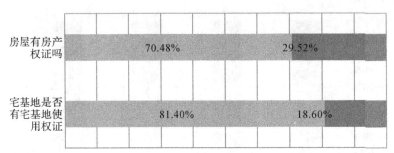

图 5-11 宅基地使用权

然而，没有宅基地使用权证农户的土地流转倾向却要比拥有宅基地使用权证的农户稍高（见图 5-12）。

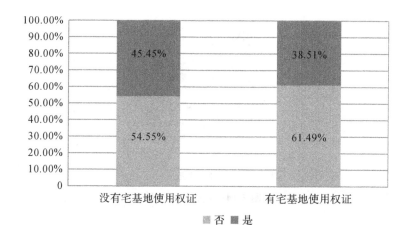

图 5-12　是否有宅基地使用权证对农户土地流转倾向的影响

二、土地租赁状况

承包地：53.55％的受访者家里没有承包地；46.45％的受访者家里有承包地。在有承包地的家庭中承包耕地 0～2 亩的居多，占 58.08％；其次是 2（不含）～4 亩占了 14.65％；最后是 4（不含）～6 亩及 6 亩以上，分别占了 14.15％、13.12％（见图 5-13）。表明现阶段浙江农户土地规模经营程度还不高。

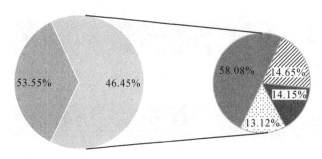

图 5-13　是否有承包地

土地租赁：据调查显示，82.82％的受访者家中没有土地租赁；仅有 17.18％的受访者家中有土地租赁（见图 5-14）。

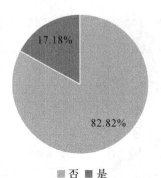

■ 否 ■ 是

图 5-14 是否租赁土地

其中农户租赁土地的数量并不是很多,一般都在 3 亩以下。在租入的耕地中,家中租入 1 亩及以下的农户占 36.36％,租入 1(不含)~2 亩的农户占 4.55％,租入 2(不含)~3 亩的农户占 22.73％,租入 3 亩以上的农户占 36.36％;在租出的耕地中,家中租出 1 亩及以下的农户占 29.85％,租出 1 (不含)~2 亩的农户占 31.34％,租出 2(不含)~3 亩的农户占 16.42％,租出 3 亩以上的农户占 22.39％(见图 5-15)。总体来看,在有土地租赁的家庭中,有租入土地的家庭比较少,有租出土地的家庭相对较多。可见,以务农为主的农户相对较少,农户对土地的依赖程度相对较低。

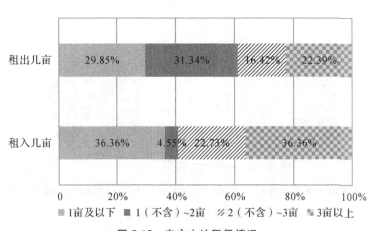

图 5-15 农户土地租赁情况

图 5-16 显示,有土地租赁的农户中愿意进行土地流转的有 50%,而没有土地租赁的农户中只有 30.88% 的农户愿意进行土地流转。

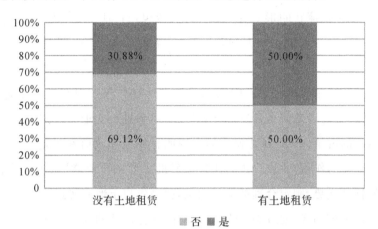

图 5-16 土地租赁对土地流转倾向的影响

三、土地流转状况

土地流转情况:据调查显示(见图 5-17),60.15% 的受访者并没有发生过土地流转,只有 39.86% 的受访者发生过土地流转。而且 51.76% 的土地流转有土地承包经营权证,48.24% 的土地流转未有土地承包经营权证。这表明浙江农户在土地流转过程中的产权保障还相对较弱,仅有一半的农户在土地承包过程中具有土地承包经营权证。

图 5-17 土地流转情况

土地流转形式：表 5-5 显示，在土地流转过程中，土地流转的合同方式主要是采用书面合同形式，占 63.32%；也有少部分采用口头协议的形式，占 36.68%。土地流转的形式主要是转让、转包，占 51.06%；其次是代耕，占 24.47%；再次是入股，占 10.64%；然后是互换，占 9.22%；最后是抵押，仅占 4.61%。

土地流转主要途径：37.01% 的受访者通过村集体组织进行土地流转；35.06% 的受访者是完全自发的；通过政府组织进行土地流转的有 22.40%；其他途径的占了 5.53%（见表 5-5）。说明村集体和政府在土地流转过程中发挥了重要的作用，是农户进行土地流转的主要主导者，村集体和政府应该充分发挥其优势，制定合理的流转政策，提高农户土地流转意愿。

土地流转对象：把土地流转给村集体或合作社的受访者占了 38.87%；给亲戚朋友的占了 30.56%；给种粮大户的占了 25.91%；给农业公司的仅占了 4.66%（见表 5-5）。浙江农户土地流转过程中还是村集体和合作社的影响程度比较大，是其进行土地流转的主要模式，其中流转给农业公司的不多，其工商企业介入土地流转的方式不太多。

土地流转所需：29.72% 的受访者认为要推进农村土地流转需要政府组织引导，表明政府组织和引导在浙江农户土地流转中的所起作用较大；20.15% 的受访者认为需要成功的样板；19.40% 的受访者认为需要成立交易市场；19.14% 的受访者认为需要政策讲解；还有 11.59% 的受访者认为需要中介服务人员（见表 5-5）。

若土地能进行自由流转，43.41% 的受访者表示会租出土地；28.30% 的受访者表示会以土地入股；14.39% 的受访者表示会租出土地；12.70% 的受访者表示会进行买卖；还有 1.20% 的受访者表示会进行抵押（见表 5-5）。

收益分配：据调查显示（见表 5-5），若家里的土地被征收利用于商业开发，将近一半的受访者认为土地增值收益应该个人拿大头，村集体分小头的占 48.92%；33.01% 的受访者认为土地增值收益应该全归个人；10.60% 的受访者认为土地增值收益应全归村集体和政府来分配；还有 7.47% 的受访者认为土地增值收益应该个人拿小头，村集体分大头。

表 5-5　农户土地流转情况汇总

土地流转合同方式	口头协议	书面合同			
比例	36.68%	63.32%			
土地流转形式	转让、转包	互换	代耕	抵押	入股
比例	51.06%	9.22%	24.47%	4.61%	10.64%
土地流转主要途径	完全自发	村集体组织	政府组织	其他	
比例	35.06%	37.01%	22.40%	5.53%	
土地流转对象	亲戚朋友	种粮大户	村集体或合作社	农业公司	
比例	30.56%	25.91%	38.87%	4.66%	
您认为现在要推进农村土地流转，最需要做什么	政策讲解	成功样板	成立交易市场	中介服务人员	政府组织
比例	19.14%	20.15%	19.40%	11.59%	29.72%
若土地能够自由流转，你可能会	租出土地	租进土地	入股	抵押	买卖
比例	43.41%	14.39%	28.30%	1.20%	12.70%
若您家的土地被征收利用于商业开发，土地增值收益您认为该如何分配	全归个人	个人拿大头，村集体分小头	个人拿小头，村集体分大头	全归村集体和政府分配	
比例	33.01%	48.92%	7.47%	10.60%	

土地调整:38.01%的受访者没有经历过土地调整,26.15%的受访者经历过 1 次,27.12%的受访者经历过 2 次,6.54%的受访者经历过 3 次,2.18%的受访者经历过 4 次及以上(见图 5-18)。

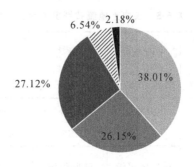

图 5-18　近 10 年经历的土地调整次数

大部分受访者表示是因为人口变化进行的土地调整,占 34.08%;其次是因为征地拆迁,占 21.54%;再次是因为土地整治,占 17.68%;然后是因为村干部意愿,占 14.80%;最后是因为上一轮承包到期,占 11.90%(见图 5-19)。

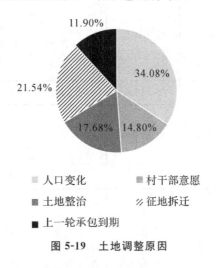

图 5-19　土地调整原因

第四节　土地产权制度和流转政策认识

一、承包地与宅基地权益与政策认知

耕地承包期:问卷数据统计结果表明,68.57%的受访者不知道耕地承包期,只有 31.43%的受访者知道耕地的承包期(见图 5-20)。耕地承包期的

受访者大多数人认为承包期有 30 年,占 49.18％;认为承包期有 3 年或 5 年的占 24.59％;认为承包期有 15 年或 25 年的,占 14.75％;认为承包期有 50 年的占 11.48％。可见村民对承包期的了解还不太清楚,而且知道承包期的村民其认知也不十分清晰,这将对农户土地流转决策产生一定影响。

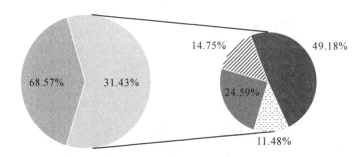

■ 不知道 ■ 认为3年或5年 ╱ 认为有15年或20年 ■ 认为有30年 ⸬ 认为有50年

图 5-20 农户土地承包期认知

对耕地承包期有所了解的农户其土地流转意愿高于不了解耕地承包期的农户,了解耕地承包期的农户中愿意进行土地流转有 48.09％,而不了解耕地承包期的农户中愿意进行土地流转的仅有 12.92％(见图 5-21)。这表明推进农村土地流转需要进一步加强相关法规政策的宣传工作。

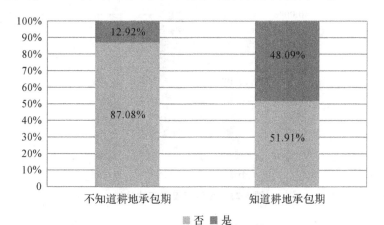

■ 否 ■ 是

图 5-21 耕地承包期认知对土地流转倾向的影响

土地未来调整的可能性:对于土地未来是否会被调整的问题,65.50％

的受访者认为可能会调整；18.42％的受访者认为会调整；也有16.03％的受访者认为不会调整(见图5-22)。

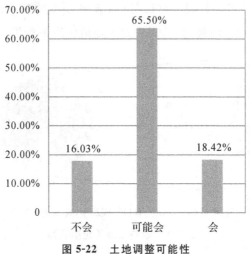

图 5-22　土地调整可能性

据调查显示，53.83％的受访者认为现在土地产权稳定性一般，认为很稳定和不稳定的受访者分别占23.68％和22.49％(见图5-23)。

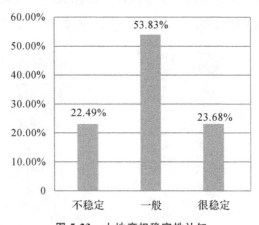

图 5-23　土地产权稳定性认知

承包地所有权：对于承包地的所有权，近一半的受访者认为所有权应该归农民个人所有，占46.76％；32.37％的受访者表示应该归集体所有；20.87％的受访者则表示应归国家所有(见图5-24)。

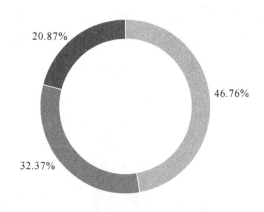

20.87%

46.76%

32.37%

■农民个人所有　■集体所有　■国家所有

图 5-24　承包地产权认知

承包地希望流转对象:如果允许农村承包地流转,25.60%的受访者表示愿意流转给本村村民;有21.53%的受访者表示希望政府来组织土地流转;有17.94%的受访者表示希望流转给种粮大户;16.75%的受访者表示希望流转给农业合作社和公司;还有18.18%的受访者表示流转给谁都可以(见图5-25)。

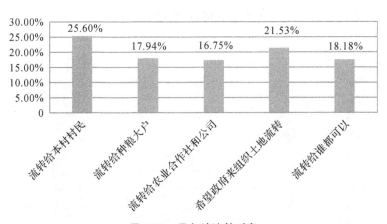

图 5-25　承包地流转对象

承包地希望流转方式:如果允许农村承包地能够流转,绝大多数的受访者表示会以租赁的方式进行流转,占70.64%;19.33%的受访者表示会以买卖的方式进行流转;另外有10.03%的受访者表示会以抵押的方式进行流转(见图5-26)。

宅基地希望流转方式：如果允许宅基地能流转，大多数的受访者表示会以租赁的方式进行流转，占59.50%；31.58%的受访者表示会以买卖的方式进行流转；另外有9.32%的受访者表示会以抵押的方式进行流转（见图5-26）。

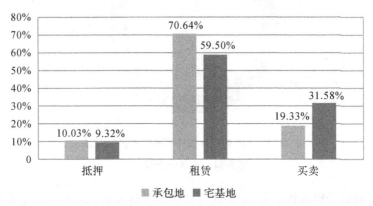

图 5-26 承包地、宅基地流转方式

宅基地希望流转对象：如果允许宅基地能流转，38.85%的受访者表示愿意流转给本村村民；有16.31%的受访者表示希望流转给本县居民；还有44.84%的受访者表示流转给谁都可以（见图5-27）。

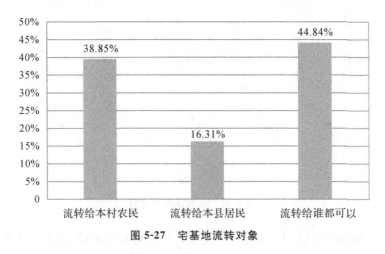

图 5-27 宅基地流转对象

二、耕地保护认知

基本农田保护政策认识：问卷数据统计结果表明，64.29%的受访者并不知道基本农田保护政策,只有 35.71% 的受访者知道(见图 5-28)。知道基本农田保护政策的农户土地流转意愿比较高。可见,浙江农户对耕地保护相关政策认识还有待进一步提高,政府和村集体应继续加强耕地保护政策的宣传。

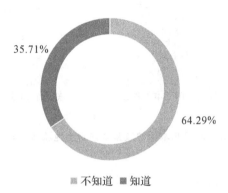

35.71%

64.29%

■ 不知道　■ 知道

图 5-28　基本农田保护政策认识

耕地保护是否重要:46.79% 的受访者认为耕地保护很重要;44.66% 受访者认为耕地保护重要,但不能过分强调;只有 8.55% 的受访者认为耕地保护不太重要(见图 5-29)。

8.55%

46.79%

44.66%

■ 不太重要
■ 重要,但不能过分强调
■ 很重要

图 5-29　耕地保护重要性认知

虽然村民对农田保护政策不太了解,但是村民对耕地保护的意识都很强,如果加大农田保护政策的宣传与落实,进一步提高村民耕地保护的意识,有助于提高土地流转倾向(见图 5-30)。

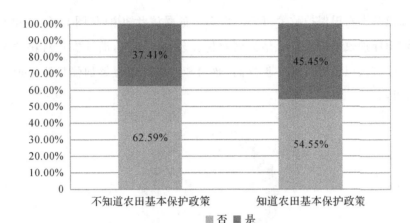

图 5-30　农田基本保护政策认识对土地流转倾向的影响

三、土地流转认识

土地流转风险：据调查显示，68.64％的受访者认为农村土地流转有一些风险；20.67％的受访者认为农村土地流转风险很小；10.69％的受访者认为农村土地流转风险很大（见图 5-31）。这表明，浙江农户对土地流转的信任度还不是很高，正确认识土地流转风险是农户进行土地流转的一个重要因素。

图 5-31　土地流转风险认知

认为土地流转风险越小的农户，其土地流转倾向更高（见图 5-32）。如何让农户感受到土地流转的低风险，是实现土地流转的一个重要措施。

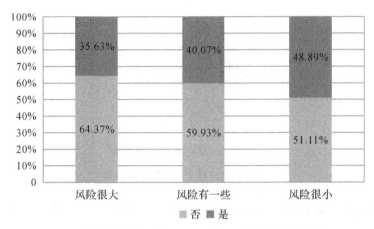

图 5-32　农户土地流转风险认识对土地流转倾向的影响

如果允许土地自由买卖,29.38％的受访者认为不会过得比现在差;而9.95％的受访者认为会过得比现在差;还有60.67％的受访者表示不知道(见图5-33)。村民对土地流转还是有一定警惕性,大部分农户认为土地流转有风险,而且土地流转之后对生活的影响很多村民表示未知。

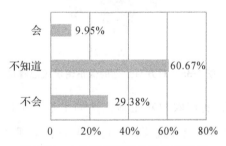

图 5-33　土地流转前后生活比较认知

农村土地流转政策认识:66.66％的受访者表示并不知道中央正在积极出台农村土地流转政策,要盘活农村土地资产;29.05％的受访者表示对中央正在积极出台农村土地流转政策知道一些;只有4.29％的受访者表示清楚中央正在积极出台农村土地流转政策(见图5-34)。由此可见村民对农村土地流转政策认识是很薄弱的。

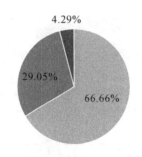

4.29%

29.05%

66.66%

■ 不清楚　■ 知道一些　■ 清楚

图 5-34　农村土地流转政策认识

对方对土地保护情况关心程度：土地流转后,64.44％的受访者表示会关心对方对土地的保护情况；35.56％的受访者表示不会关心对方对土地的保护情况（见图5-35）。

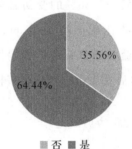

35.56%

64.44%

■否　■是

图 5-35　对方对土地的保护情况关心程度

耕地功能认识：浙江农户对土地用途的了解还是比较高的,62.47％的受访者认为耕地除了种粮和蔬菜之外还有生态和景观功能；37.53％的受访者表示不知道耕地除了种粮和蔬菜之外还有生态和景观功能（见图5-36）。

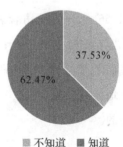

37.53%

62.47%

■ 不知道　■ 知道

图 5-36　耕地功能认知

第五节　土地问题与生活满意度情况

一、拆迁经历

据调查显示,68.33％的受访者没有经历过拆迁,31.67％的受访者经历过拆迁(见图 5-37)。

图 5-37　是否经历过拆迁

51.68％的受访者认为将来也不会拆迁;12.74％的受访者认为近 3 年内会拆迁;35.58％的受访者认为会拆迁,但是具体什么时候拆不清楚(见图 5-38)。

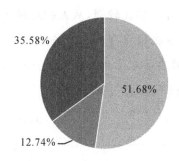

图 5-38　预期将来是否拆迁

二、土地纠纷和矛盾

问卷调研结果表明,54.20％的受访者表示自己所在村有土地纠纷和矛盾,45.80％的受访者表示自己所在村没有土地纠纷和矛盾。土地纠纷和矛盾的主要来源有 7 类,主要是土地归属有争议和村集体土地调整,分别占 25.17%、20.22%;其次是邻里土地纠纷,占 16.41%;再次是征地拆迁和政策不透明,分别占 13.71% 和 12.81%;最后是土地收益分配不公和土地收益分配不公,分别占 6.74% 和 4.94%(见图 5-39)。

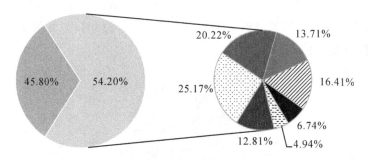

图 5-39　土地纠纷和矛盾

三、生活满意度

幸福程度:浙江农户的幸福感比较强,从人们对现在生活的满意程度来看,19.43% 的受访者觉得现在很幸福;44.08% 的受访者觉得现在比较幸福;31.75% 的受访者觉得现在一般幸福;3.08% 的受访者觉得现在不幸福;1.66% 的受访者觉得现在很不幸福(见图 5-40)。

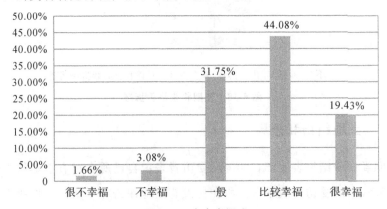

图 5-40　农户幸福感

跟过去生活相比:跟过去相比,觉得生活明显变好的受访者占34.37%,觉得生活稍微变好的受访者占39.62%,觉得生活基本不变的受访者占16.71%,觉得生活稍微变差的受访者占2.63%,觉得生活明显变差的受访者占6.67%。总体上来看,村民的生活和以往相比都有所改善(见图5-41)。

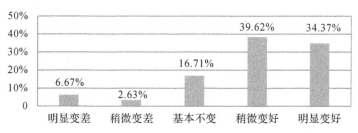

图 5-41　跟过去生活相比感知

跟别人生活相比:跟别人生活比,大部分受访者都觉得自己的生活和别人差不多,占71.60%;觉得自己的生活比别人好的占16.71%;觉得自己的生活比别人差的占11.69%(见图5-42)。

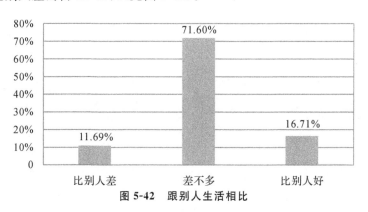

图 5-42　跟别人生活相比

第三篇

产权制度安排、农户土地流转行为与资源配置

第六章 产权认知、行为激励与农民发展:基于浙江的调研

第一节 调研对象与调研内容

2017 年 1—6 月,课题组对杭州、宁波、义乌、嘉兴、海宁、温州、台州、舟山、绍兴、德清的农户进行了实地走访和问卷调查。共发放纸质调查问卷 580 份,其中有效问卷 528 份,有效回收率为 91.03%,共有 8 人进行实地走访和问卷发放工作,深入农村采用面对面方式询问农民,了解农村土地情况。

调查对象的基本信息主要包括被调查者性别、年龄、教育程度、婚姻状况、家庭人口数、职业、家庭收入、养老保险、户籍情况等,了解农户的生活现状及对农村土地和住房的看法,对农村土地流转制度改革的认识。

第二节 数据说明与样本统计分析

一、被调查者基本情况统计

在接受访问的农村居民中,男性所占比例为 59.00%,女性所占比例为41.00%,且 82.00% 为已婚人士,绝大多数处于 40~60 岁的年龄段(见图 6-1、图 6-2、图 6-3)。通过调查走访,我们也不难发现,当今的农民群体的年龄已经普遍偏大,甚至在有的农村已经少有年轻力壮者在农地里劳作。

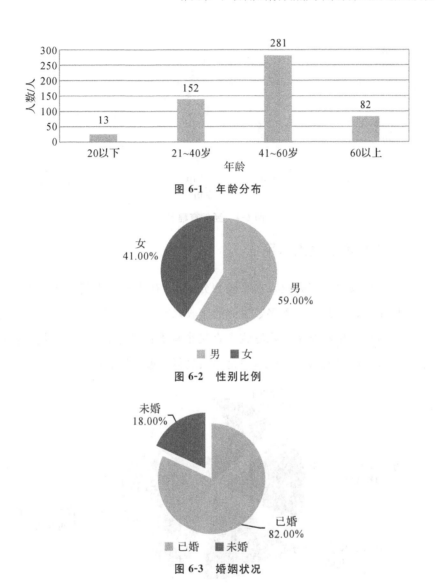

图 6-1　年龄分布

图 6-2　性别比例

图 6-3　婚姻状况

二、文化程度

在本次调研的农村群体中，包括农民、自由职业者、学生及退休人员等。文化程度各不相同，但总体受教育程度并不很高，大多为初中毕业；稍年轻的一族，接受过高中教育；大学及以上的学历只占总体的 17.00% 左右。农民在农耕方面大多靠经验而非科学技术（见图 6-4）。

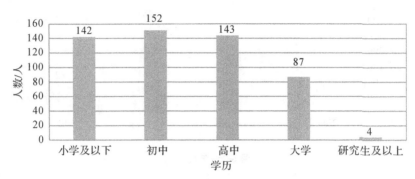

图 6-4 受教育程度

三、农村家庭收入水平

在农村,农户的家庭收入水平较为分散,且有些家庭之间收入差距虽不悬殊,但是也相差甚远。大多数家庭的年收入在 5 万～15 万元之间,生活虽不算贫困,但是也不宽裕。家庭收入直接影响农民的幸福感,大多数人觉得当前生活较以前相比好了许多,但是仍然过得一般(见图 6-5)。

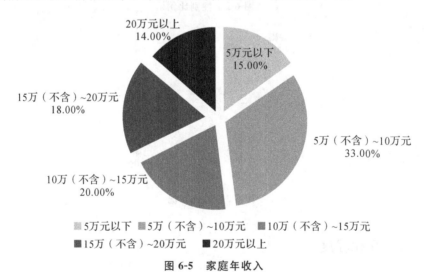

图 6-5 家庭年收入

四、土地流转途径

在所有调查对象中,发生土地流转的占 61.00%(见图 6-6),其中以书面合同形式签订流转协议的占 58.00%,剩余 42.00%的人都是以口头商定土地租入与租出等(见图6-7)。

在流转的组织形式方面,除了已经由政府或村集体出面组织建设的农业合作社以外,绝大多数流转都是完全自发的,这也是导致土地流转的风险性加大的重要原因,即缺少有力的制度支持与管理,土地的所有权将有争议,农村的土地纠纷与矛盾也会增加(见图6-8)。

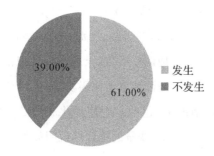

图6-6　是否发生土地流转

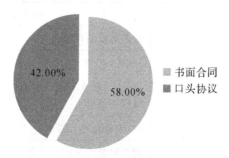

图6-7　流转合同方式

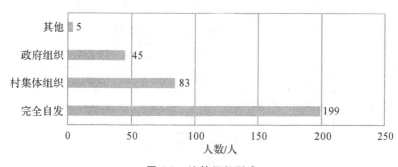

图6-8　流转组织形式

第三节　实证分析及结果

本文采用多元有序 Logit 模型来分析相关变量对农户土地流转需求的影响。

$$Demand_n^* = \alpha + \beta A_n + \gamma B_n + \delta C_n + \zeta D_n + \rho E_n + \varepsilon_n \qquad (6\text{-}1)$$

个人与家庭基本情况 A_n 包括年龄、性别、学历、婚姻状况、家庭收入；土地情况 B_n 包括宅基地面积、土地调整次数，土地产权认识情况 C_n 包括承包地产权认知、土地流转风险认知、是否希望土地买卖等；生活情况 D_n 包括对目前生活的幸福感；土地利用情况 E_n 包括是否使用化肥农药、是否愿意加入农业合作社等。各变量的定义及说明、变量的统计性说明如表 6-1、表 6-2 所示。

表 6-1　变量的定义及说明

	变量解释	变量定义
基本情况 (A_n)	年龄 X_1	调查对象的年龄
	性别 X_2	1＝男；1＝女
	学历 X_3	1＝小学及以下；2＝初中；3＝高中；4＝大学；5＝研究生及以上
	婚姻状况 X_4	1＝未婚；2＝已婚
	家庭总收入 X_5	调查对象的家庭人口总收入情况
土地情况 (B_n)	宅基地面积 X_6	1＝60 平方米以下；2＝60～90 平方米；3＝90～120 平方米；4＝120 平方米以上
	土地调整次数 X_7	调查对象的土地调整情况
土地产权认知情况 (C_n)	承包地产权认知 X_8	1＝农民个人所有；2＝集体所有；3＝国家所有
	土地流转风险认知 X_9	1＝很小；2＝有一些；3＝很大
	若土地可买卖，农民生活会更好 X_{10}	1＝是；2＝不知道；3＝否
生活情况 (D_n)	幸福感 X_{11}	1＝很不幸福；2＝不幸福；3＝一般；4＝比较幸福；5＝很幸福

变量解释		变量定义
土地利用情况（E_n）	是否使用化肥农药 X_{12}	1＝否;2＝是
	是否愿意参加农业合作社 X_{13}	1＝否;2＝是

表 6-2　变量的统计性说明

变量	变量数	均值	标准差
年龄 X_1	528	45.48485	14.84313
性别 X_2	528	1.395833	0.489493
学历 X_3	528	2.38447	1.087232
婚姻状况 X_4	528	1.195076	0.454593
家庭总收入 X_5	528	12.76231	7.378406
宅基地面积 X_6	528	2.793561	0.88472
土地调整次数 X_7	528	1.920455	0.856562
承包地产权的认知 X_8	528	1.842803	0.713056
土地流转风险的认知 X_9	528	1.823864	0.54166
若土地可买卖,农民生活会更好 X_{10}	528	1.912879	0.625202
幸福感 X_{11}	528	3.916667	0.742238
是否使用化肥农药 X_{12}	528	1.926136	0.261797
是否愿意参加农业合作社 X_{13}	528	1.590909	0.492132

相关变量对农户土地流转需求的影响如表 6-3 所示,可知如下情况。

(1)性别变量显著为负,说明男性农民较女性农民更需要进行土地流转。

(2)最近 10 年来,农民经历土地调整的次数并不多,很少人经历过 2 次以上的土地调整。

(3)土地所有权归属认知显著为负,体现了农民对土地所有权的不稳定性有较大的意见,更需要有健全的土地制度和保障体系。

（4）土地流转风险程度显著为负，说明农民对土地流转有一些担忧，从侧面也反映了农村土地流转不活跃的原因之一来自于农民对土地流转存在风险的不确定性。

（5）农民当今的生活与以前的生活相比改善许多，绝大多数人农民表示幸福感有所增加，但是依然担心今后会遇到经济困难，说明意外事故发生的保障并不够健全，尤其在农村，完善社会保障体系势在必行。

（6）化肥使用情况显著为负，说明基本上农民都会使用化肥，很少有人不使用化肥，农民的文化学历并不高，还有些人不了解使用农药和化肥的危害。

（7）多数农民愿意参加农业合作社，反映了他们对于农业合作社的期待，对土地制度改革的期待。

表 6-3　土地流转需求回归结果

变量	系数	标准差	Z
年龄 X_1	−0.00575	0.007826	−0.73
性别 X_2	−0.57193	0.16076	−3.56
学历 X_3	0.611453	0.095153	0.64
婚姻状况 X_4	−0.59829	0.212179	−2.82
宅基地面积 X_6	0.596397	0.093552	6.38
土地调整次数 X_7	−0.24781	0.979347	−2.53
承包地产权的认知 X_8	0.201014	0.111218	1.81
土地流转风险的认知 X_9	−0.26126	0.16041	−1.63
若土地可买卖，农民生活会更好 X_{10}	−3.98792	0.126312	−3.16
幸福感 X_{11}	0.121855	0.111748	1.09
是否使用化肥农药 X_{12}	0.109736	0.283361	0.39
是否愿意参加农业合作社 X_{13}	−0.1991	0.15731	−1.27

第七章 农户土地流转行为及其影响因素:基于浙江的实证

近年来,随着我国城镇化、工业化和农业现代化的进一步发展,农村土地流转需求日益凸显。2003年我国颁布《农村土地承包法》,使农村土地流转开始活跃起来,农户手中的土地承包经营权,可以依法转包、出租、互换、转让或者用其他方式进行流转(毕宝德,2001;陈小林,2011;徐美银和钱忠好,2009)。农村土地是农户就业和生活的重要保障。通过土地流转,一方面,农户可将闲置低效利用的土地转让给种粮大户或农业企业来经营,农户可获得租金收益,也有助于促进农村劳动力向非农产业转移。另一方面,农村土地流转是实现农地规模经营和提升土地利用效率的重要前提。农村土地流转还有助于有效解决农村土地搁荒问题,稳定粮食生产,增加农户收入和加快农村经济发展(钟晓兰等,2013;徐美银等,2012)。

本章主要基于问卷调研数据,进一步实证分析农户土地流转行为影响因素及作用机理,为推进农村土地流转提供决策依据和参考。

第一节 变量与数据

一、研究变量选取

农户土地流转行为影响因素较多,国内外学者都做了许多相关的研究。国外学者在对土地流转影响因素的研究中,更多的是侧重于对外在因素的研究,如产权制度(Feder 和 Feeny,1991)、土地交易费用(Deininger 和 Jin,2009;陈利根和陈会广,2003)、经济环境状况等(Terry,2003)。国内学者在外在因素研究基础上结合内在因素做了更进一步的研究。学者们综合研究了土地流转的内外因素发现,地权诉求(黄忠华等,2012;徐美银等,2012)、土地制度安排(徐美银和钱忠好,2009;黄忠华和杜雪君,2014)、农户非农化(陈美球等,2011;黄忠华和杜雪君,2014)、利益唤醒(黄忠华和杜雪君,2011;徐美银等,2012)对农户土地流转意愿具有显著影响。其中,地权诉求对宅基地的流转具有正向激励作用(黄忠华等,2012)。农户非农收入越低,其进行土地流转的行为会更强,利益唤醒通过土地流转增加农户收入,进而提高农户土地流转的行为(黄忠华和杜雪君,2011)。综合国内外学者的相关研究,农户土地流转行为影响因素主要可分为以下 5 类。

第一,个体特征。一般来说,年龄小的农户比年龄大的农户更适应城市生活,其迁移的机会成本也较低,土地转出的倾向就较高。文化程度也将影响农户的土地流转行为,随着文化水平的提高,农户非农就业机会就会增加,更可能放弃农村土地进城,促进土地转出增加(陈美球等,2011)。

第二,家庭特征。土地流转大多以家庭为单位进行决策,家庭是土地流转的决策者,所以家庭特征也是影响土地流转行为的重要因素之一。年收入越高的家庭选择搬迁到城镇的积极性越高,其进行土地流转的倾向也越强。农业收入占家庭总收入的比重,反映了农民对土地的依赖程度,比重越高表明农民放弃土地进城的意愿就越低。劳动人口可反映农民摆脱土地束缚的能力,劳动人口比例越大,土地转出行为就越强(Hare,1999)。

第三,家庭土地禀赋和产权情况。家庭土地禀赋反映农户当前依靠土地生活的状况,在家庭土地禀赋与产权方面相关的变量包括:"宅基地面积""是否有承包地""是否有土地承包经营权证""近 10 年土地整次数""是否经历过拆迁""是否发生过土地纠纷"。已有研究表明,宅基地面积影响农户生活水平,宅基地面积越大,农户就有更多的机会利用宅基地,其进行流转的可能性就越大(范建双和虞晓芬,2016);有承包地的农户对土地流转的认识往往比没有承包地的农户要深,其土地流转意愿也相对要强。近 10 年土地调整次数、是否经历过拆迁、是否发生过土地纠纷和矛盾这三个变量反映农户土地产权的稳定性,若土地产权稳定,则农户进行土地流转的意愿较强。

第四,土地流转政策认知。农户对土地流转政策的认知程度影响着农户进行土地流转的预期和信心,进而影响农户土地流转行为(钟晓兰等,2013)。土地流转政策认知主要包括"对土地承包法是否了解""是否有土地流转经营权证""是否了解农村土地流转政策""耕地保护重要性认识""土地流转风险认识"等变量。是否有土地流转经营权证反映了农户对土地产权交易政策的认知,农民对土地产权交易政策了解就不需担心土地转出后将失去土地权益,因此,对土地产权交易政策越了解的农户,其土地流转倾向就越强。农户对土地承包法的了解程度越高及对农村土地流转政策的认知越全面,预期越稳定,就更愿意进行土地流转。土地流转有利于对耕地进行规模化的管理,对耕地的保护措施也会更加有效,其进行土地流转的行为也会相对强一些。土地流转风险认知直接影响农户土地流转的行为,认为土地流转风险较大的农户,其进行土地流转的倾向就越弱。

第五,生活感知。生活感知反映农户对土地流转的态度,从对土地重要性认知、农户进城意愿及对今后生活预期等方面研究对农户土地流转行为的影响,主要包括以下变量:"是否愿意以农村土地换养老保险""是否打算在城镇居住或工作""是否愿意以农村土地换城市户籍""无论发生什么都要保留农村土地""将来是否会经历拆迁""是否担心以后会遇到经济紧张"。养老保险对土地的养老保障功能具有替代效应(赵光和李放,2014),参加养老保险的农民,其放弃农村土地进城的行为就越强。"是否打算在城镇居住"反映农户进城意愿,农户城镇意愿越大,其进行土地流转的可能性就越高。农户保留土地意愿越强,反映其对土地的重要性越认可,其土地流转行为也较弱。将来是否会拆迁及是否担心以后会遇到经济紧张是农户对未来生活的预期和认知,对未来生活乐观的农户一般收入水平较高,对土地的依赖性较弱,其进行土地流转的意愿和倾向也较强(熊成喜等,2010)。

农户土地流转行为决策受多种因素影响,本节主要选取以下影响因素作为自变量(见表7-1)。个体特征、家庭特征、土地禀赋与产权认知,还是生活感知都可能对土地流转行为产生影响。以下选取 20 个相关变量来研究农户进行土地流转行为的影响因素。表 7-1 给出这些自变量定义及赋值情况。

表 7-1 变量定义及说明

指标类别	变量定义	变量赋值说明	预期作用方向
因变量	是否发生土地流转	1＝"否"，2＝"是"	
个体特征	年龄	实际年龄	负向
	文化程度	1＝"小学以下"，2＝"初中"	正向
		3＝"高中"，4＝"大学"	
		5＝"研究生及以上"	
家庭特征	家庭年收入	取调查实际数据	正向
	农业收入	取调查实际数据	负向
	劳动人口	取调查实际数据	正向
家庭土地产权情况	宅基地面积	1＝"60 平方米以下"	负向
		2＝"60～90 平方米"	
		3＝"90～120 平方米"	
		4＝"120 平方米以上"	
	是否有承包地	1＝"否"，2＝"是"	正向
	近 10 年土地调整次数	取调查实际数据	正向
	是否经历过拆迁	1＝"否"，2＝"是"	正向
	是否发生过土地纠纷和矛盾	1＝"否"，2＝"是"	正向
土地流转政策认识	对土地承包法是否了解	1＝"否"，2＝"是"	正向
	是否有土地承包经营权证	1＝"否"，2＝"是"	正向
	是否了解农村土地流转政策	1＝"否"，2＝"是"	正向
	耕地保护重要性认识	1＝"不太重要"，2＝"重要"	负向
		3＝"很重要"	
	土地流转风险认识	1＝"很小"，2＝"有一些"	正向
		3＝"很大"	

指标类别	变量定义	变量赋值说明	预期作用方向
生活感知	是否愿意以农村土地换养老保险	1="否",2="是"	正向
	是否打算在城镇居住或工作	1="否",2="是"	正向
	无论发生什么都要保留农村土地	1="不赞同",2="有点赞同",3="非常赞同"	负向
	将来是否会经历拆迁	1="不会",2="近3年会",3="会拆迁,具体什么时候不清楚"	负向
	是否担心以后会遇到经济紧张	1="不会",2="可能会",3="很可能会"	负向

二、数据

课题组于 2016 年 3 月对浙江土地流转进行实地调研,调研范围涉及义乌、德清、东阳、宁波、江山、磐安、嘉兴、慈溪、天台、金华、温州、桐庐、海宁、瑞安、诸暨等城市。调研方法主要是发放调查问卷,课题组成员到每个村与村民一对一完成村民问卷,最后共回收 424 份有效问卷样本。

从样本描述统计分析结果来看:受访者年龄主要集中在 31～50 岁,占比 46.84%;30 岁及以下占 16.89%;51～60 岁和 61 岁以上受访者分别占 15.10% 和 7.31%。受访者总体文化偏低,主要以初中和高中学历为主,占 49.27%,大专及以上占 35.39%,小学及以下占 15.34%。从总体上看虽然有 56.69% 的受访者表示打算在城镇居住或工作,但农户土地流转意愿还不高,仅有 39.86% 农户进行了土地流转。

第二节　农户土地流转行为影响因素的实证检验

本书借助 SPSS20.0 统计软件对调研数据进行分析,以农民"是否进行土地流转"为因变量,以表 7-1 中的其余 20 个变量为自变量,建立二项分类 Logistic 回归模型,其估计结果见表 7-2 和表 7-3。

一、土地禀赋与产权情况对土地流转行为的影响

从表 7-2 的分析结果中不难看出，家庭土地禀赋与产权情况对农户土地流转行为的影响比较大。在家庭土地产权情况 6 个自变量中有 4 个变量是显著相关的，相关系数越大，表明土地产权因素对农户进行土地流转行为的影响越大。根据相关系数由大到小依次为是否有承包地（1.002***）、是否发生过土地纠纷和矛盾（0.761***）、近 10 年土地调整次数（0.493***）、是否经历过拆迁（0.473***）。而且这些变量与前述假设分析相一致，有承包地的农户一般会把承包地流转出去，其对土地的依赖性就比较小，其土地流转的可能性会比较高。近 10 年经历土地调整次数越多及经历过拆迁的农户，其土地流转行为比较强，可能是因为在土地调整次数及拆迁过程中必然会涉及产权问题，经历次数越多的农户相对于其他农户来说对产权的了解比较深入，就比较容易接受去尝试土地流转。对于发生过土地纠纷的农户来说，其对土地自营的意愿相对较低，都希望通过集体对土地进行统一管理，以减少不必要的矛盾，所以其进行土地流转的倾向相对较强。

宅基地面积和土地承包经营权证两个变量从回归结果上来看并不显著，究其原因，69.16% 的农户家庭宅地基面积大于 90 平方米，农村宅基地面积都是按家庭人口分配的，所以人均宅基地面积差异较小，其对农户土地流转倾向的影响不显著。关于农村土地承包经营权证，超过一半的农户表示没有土地承包经营权证，农户对土地产权的认知普遍比较薄弱，在土地流转过程中往往会忽视产权的重要性，所以土地产权因素对农户土地流转行为的影响也不显著。

表 7-2　土地禀赋与产权对土地流转行为影响的估计结果

指标类别	变量定义	系数	标准差	概率
个体特征	年龄	−0.018*	0.009	0.053
	文化程度	0.149	—	0.906

指标类别	变量定义	系数	标准差	概率
家庭特征	家庭年收入	0.498	0.480	—
	农业收入	0.498	0.484	—
	劳动人口	0.778	0.378	—
家庭土地产权情况	宅基地面积	1.724	0.189	
	是否有承包地	1.002***	0.252	0
	是否有土地承包经营权证	0.067	—	0.796
	近10年土地调整次数	0.493***	0.119	0
	是否经历过拆迁	0.473*	0.564	0.076
	是否发生过土地纠纷和矛盾	0.761***	0.507	0.002
常数项		−3.949	0.802	0

−2 对数似然值＝385.589　Cox&Snell R²＝0.157　Nagelkerke R²＝0.212　Sig.＝0

注：***、**、* 分别表示在1%、5%、10%显著。

二、土地流转相关政策认知对土地流转行为的影响

从表7-3的回归估计结果可知，土地流转政策认知对农户土地流转行为也有一定的影响，根据相关系数由大到小依次为对土地承包法是否了解（0.656***）、是否了解农村土地流转政策（0.320*），且两个变量与前文假设分析结果一致，农户对土地流转相关法规、政策越了解，农户就越可对土地流转的风险利弊进行全面了解和正确判断，其进行土地流转的倾向也较强。

耕地保护重要性和土地流转风险认识对土地流转的影响效果不显著，究其原因：91.45%的农户认为耕地保护是重要的，只有8.55%的农户认为耕地保护是不重要的；农户对土地流转政策认知普遍不高，其对土地流转风险判断也不清晰，导致其对土地流转行为倾向的影响也不太显著。

表 7-3　土地流转相关政策认知对土地流转行为影响的估计结果

指标类别	变量定义	系数	标准差	概率
个体特征	年龄	−0.170**	0.008	0.034
	文化程度	0.231	0.631	—
家庭特征	家庭年收入	0.000**	0.000	0.074
	农业收入	0.299	0.584	—
	劳动人口	0.168	0.682	—
相关政策认识	对土地承包法是否了解	0.656***	0.235	0.005
	是否了解农村土地流转政策	0.320*	0.195	0.097
	耕地保护重要性认识	0.771	0.380	—
	土地流转风险认识	1.965	0.161	—
常量		−0.091	0.455	0.841

−2 对数似然值＝528.107　Cox&Snell R²＝0.035　Nagelkerke R²＝0.048　Sig.＝0.006

注：***、**、*分别表示在 1%、5%、10%显著。

三、生活感知对土地流转行为的影响

表 7-4 的结果显示，生活感知方面变量对农户土地流转行为产生显著影响。根据相关系数由大到小依次为是否打算在城镇居住或工作(1.386***)、是否愿意以农村土地换养老保险(1.282**)、无论发生什么都要保留农村土地(−1.028*)、是否会担心以后会遇到经济紧张(0.843*)、将来是否会经历拆迁(−0.829***)，其中是否愿意以农村土地换养老保险、是否打算在城镇居住或工作、无论发生什么都要保留农村土地、将来是否会经历拆迁这 4 个变量与前述假设分析相一致。农户入城意愿越强烈，其对土地的依赖性就越弱，其土地流转行为就会越强。愿意以农村土地换养老保险的农户，其土地流转行为倾向越强，这表明农户基本社会保障得到满足的情况下更愿意进行土地流转。关于农村土地是否保留问题，认为土地非常重要的农户，其进行土地流转的行为倾向相对较弱。担心将来将经历拆迁的农户，其土地流转行为倾向越弱，主要是因为，若预期要经历拆迁，农户土地产权稳定性就

会受到影响,其进行土地流转的意愿较弱。

而是否担心会遇到经济紧张这一变量虽然显著相关,但其影响方向却与预期相反。农户对未来生活越乐观,其土地流转行为反而越弱。随着浙江近年来经济的快速发展,农户生活水平提高迅速,农户知识教育水平提升也很快,很多农户都认为目前农村生活不比城市生活差,越是收入高、文化水平高的农户对生活环境、空气质量就越注重,因此较不愿意进城,土地流转行为倾向也较弱。

表 7-4　生活感知对土地流转行为影响的估计结果

指标类别	变量定义	系数	标准差	概率
个体特征	年龄	0.042	0.837	—
	文化程度	0.149	0.699	—
家庭特征	家庭年收入	0.602	0.438	—
	农业收入	0.246	0.620	—
	劳动人口	0.168	0.682	—
生活感知	是否愿意以农村土地换养老保险	1.282**	0.574	0.026
	是否打算在城镇居住或工作	1.386**	0.602	0.021
	无论发生什么都要保留农村土地	−1.028*	0.530	0.053
	将来是否会经历拆迁	−0.829***	0.312	0.008
	是否担心以后会遇到经济紧张	0.843*	0.438	0.055
常量		−9.388	2.663	0

−2 对数似然值＝116.893　Cox&Snell R²＝0.353　Nagelkerke R²＝0.498　Sig.＝0

注:***、**、*分别表示在1%、5%、10%显著。

综合分析来看,土地禀赋及产权情况、土地流转相关政策认识、生活感知这方面因素对农户土地流转行为倾向产生显著影响,而个体和家庭特征对农户土地流转行为影响不显著。究其原因,可能是因为农户在进行土地流转过程中受到羊群效应的影响,表现为"随大流""结果示范""邻里效应"(杨卫忠,2015),因此个体特征和家庭特征往往不是进行土地流转的决定性因素,再者土地流转的行为主体是家庭,个体特征对土地流转的影响作用较弱,课题组实地调研也发现这一问题。据问卷调查结果显示,浙江农户超过一半的土地流转都是以村集体组织和政府组织进行的,其中村集体组织进行的土地流转占 37.01%,政府组织进行的土地流转占 22.40%,而自发进行的土地流转仅占 35.06%。说明在土地流转过程中村集体和政府是主要的组织者和引导者,政府和村集体的组织引导影响农户土地流转意愿和行为,而个人和家庭特征相对不显著。

第三节　小　结

本章基于土地流转行为 Logistic 模型的实证检验发现,家庭土地禀赋与产权情况、土地流转相关政策认知,生活感知等方面对农户土地流转行为产生显著影响。家庭土地禀赋越好,农户进行土地流转行为倾向较弱。农户对土地流转相关政策认知越全面,产权意识越高,其进行土地流转的行为也越强。进城意愿越高,养老保险越有保障的农户,其进行土地流转的行为倾向也越强。个体和家庭特征对农户土地流转行为倾向较不显著,可能部分表明农户在土地流转决策过程中存在羊群效应,受周围群体和集体的影响比较大。

第八章 地权安全性与农户土地流转意愿:基于山东日照市的调研

第一节 背 景

改革开放后,农村土地承包经营模式登上历史舞台,土地集体经营基本解体,个人获得了剩余索取权和部分土地管理权,从而使农业产出在 20 世纪 80 年代初期以年均 7.5% 的速度增长。然而,随着我国工业化、城镇化地不断推进,以土地均包经营为主要特征的农村土地制度逐步暴露出严重的缺陷:第一,农地划分零碎、农户承包规模小的现状阻碍了农业机械化、现代化的推进,农业生产难以实现规模效应;第二,大量农村劳动力向非农部门转移造成耕地抛荒和闲置现象十分严重。农业发展的这一趋势抑制了农业增产和农民增收,阻碍了农业现代化进程的推进。中国产业经济研究院执行院长邱仰林认为,我国应加快农业现代化建设,目前亟须解决的是农业规模化发展问题,我们必须创新农业经营模式,加快土地流转。

近年来,农村土地流转取得了较快的发展。据统计,截至 2014 年 6 月底,全国农村承包耕地流转面积为 3.87 亿亩,占耕地总面积的 28.8%,是 2008 年土地流转面积的近 3 倍,占比提高 20 百分点。然而,流转面积的扩大并不能掩盖农地流转活力不足、规模不大、结构不协调的问题。那么,如何才能提高农户土地流转意愿,促进农地流转呢? 现代产权理论指出,安全、稳定的土地产权不仅能够激励产权所有人的生产积极性,而且有助于产权交易的实现。可见,从农地产权安全性的角度出发来研究农户土地流转意愿是十分必要的。

目前,地权安全性对农户土地流转意愿的影响已受到越来越多国内外学者的关注,他们分别从不同的侧重点研究了两者之间的关系。首先,部分学者侧重于研究地权安全性对农户土地流转意愿的作用机制:黎霆等(2009)研究了地权安全性与土地保障功能之间的关系,认为地权安全性能够赋予土地社会保障功能,进而提高农户的土地流转意愿;罗必良、李尚蒲(2010)通过对广东998户农民的实证研究,得出地权安全性能够显著降低农地交易费用,提高农户的土地流转意愿,促进土地流转的意愿;Kimura等(2011)指出,在中等收入水平的地区,大量农村人口展现出向城市转移的强烈意愿,稳定、安全的土地产权制度能够促进农村土地流转市场的发展,进而提高农户的土地流转意愿;马贤磊(2015)通过对江苏、湖北、广西、黑龙江四省1114户农民的调查发现,地权安全性具有生产性效应、交易价格效应和交易费用效应,进而影响农户的土地流转行为,促进农村土地流转。可见,虽然地权安全性对农地流转意愿存在多种作用途径,但是地权安全性对农户土地流转意愿的促进作用已获得多数学者的认同。此外,还有一些学者侧重利用反映地权安全性的一些指标——土地调整次数、土地承包经营权证的颁发情况及农户征地预期等,来探究地权安全性与农户土地流转意愿之间是否具有统计学关系:叶剑平等(2006)通过研究土地流转合同的签订情况、土地承包经营权证的颁发情况与农户土地流转意愿的关系,证明了土地产权的安全性对农户土地流转意愿具有正向影响;Jin和Deininger(2009)利用对中国9个主要农业省份8000户农户的调查资料研究发现,村级农地调整规则抑制了农户的土地流转意愿,阻碍了农地流转市场的发展,但土地承包经营权证书对农户的土地流转意愿并无显著影响;仇童伟等(2015)利用江西省东南部丘陵地区的调查结果研究了农地流转经历、产权安全认知对农户流转意愿的影响,结果发现安全的产权认知能够激励不同类型农户的农地转入需求,但对转入户的激励效应明显大于转出户和未流转农户。

可见,地权安全性能够促进农户土地流转意愿这一命题已经获得了众多学者的认同。本文首先将在理论分析部分建立地权安全性与农户土地流转意愿之间的理论联系,探究作用机制,然后利用 Logistic 模型对日照市 373 份问卷数据进行实证分析,验证理论分析结果,最后得到完善当前农村土地制度、提高农户土地流转意愿的政策建议。

本章基于日照市 373 份农户的调查数据,利用 Logistic 模型分析了农地地权安全性对农户土地流转意愿的影响。

第二节　理论分析与研究假设

联合国人居署指出,地权是指个人或团体之间就土地或房屋财产的使用而约定的多种权利。地权安全性的最初含义是"这些约定的权利为一组合理的规则所保障,不受任何非法干预的侵害"。

那么,构成地权安全性的要素有哪些呢? 武剑(2009)利用 17 个省份农村土地调查数据,采用因子分析法对我国地权安全性进行了实证分析,结果发现:构成地权安全性的四个重要因子分别为产权稳定性、权益保障性、权利强度及土地调整,其中,产权稳定性因子与权益保障性因子相对较强,而土地调整因子和权利强度因子相对较弱。据此,本章将地权安全性的内涵分为两个部分:一是土地产权具有稳定性,即农户具有明确土地承包期,且在土地持有期内,农地产权归属不随村干部意愿或政策改变而发生频繁变动;二是土地产权具有权益保障性,即农户的土地产权在承包期内受法律保护,不受非法侵害。本节将从地权安全性的这两个方面来分别探讨它与农户土地流转意愿之间的内在联系。

一、产权稳定性对农户土地流转意愿的影响

首先,产权稳定性具有交易费用效应。交易费用是指达成一笔交易所要花费的交易对象成本之外的成本,可大致分为市场搜寻费用、谈判费用、监督费用等。新制度经济学家认为,交易费用会对市场发育、运行产生显著影响,农户作为土地流转市场的重要参与者,其土地流转意愿无疑会受到交

易费用的影响。

那么,产权稳定性是如何影响农户的交易费用呢?首先,地权安全性使农户的土地权益得到保障,农户增大土地交易的空间范围和社会范围,而不仅仅局限于同村或亲戚、朋友间的流转,流转市场规模的扩大能够提高搜寻交易对象的成功率,降低搜寻成本;其次,产权稳定性赋予农户明确的土地承包年限,农户在签订土地流转合同时不必就土地调整等突发事件的处理进行协商,降低谈判成本;三是产权稳定性使转出户不必担心土地流转期间发生土地调整事件,造成失去土地的结果,转入户也不必担心转出户以土地产权变动为由拒绝履行租约,降低监督成本。可见,产权稳定性能够降低土地交易成本,提高转入户和转出户的土地流转意愿。

其次,产权稳定性具有稳定收益预期效应。舒尔茨的"理性农民"假说认为,农民是追求效用最大化的理性经济人,农户的每项决策都是成本—收益—风险核算的结果。

笔者通过调查发现,不稳定的产权会同时降低农户的土地转入、转出意愿,这是因为:首先,农户具有转出意愿的一大原因是土地禀赋难以满足农户需求,例如地理位置偏僻、土壤肥力低,在产权稳定的背景下,农户会进行土地转出的收益成本核算,若收益大于成本,农户会选择立刻转出土地,但在土地产权不稳定的背景下,不稳定的收益预期使农户无法权衡转出与持有之间的收益大小,进而选择"等等再说",不利于农村土地流转;其次,具有转入意愿的农户认为,不稳定的土地产权使自己随时面临失去"良田"的风险,未来的收益风险极大,从而放弃转入土地。可见,只有稳定的产权才能使成本—收益—风险核算变为可能,农户才可以根据核算结果决定是否继续从事农业生产,做出土地转入转出决策。

二、权益保障性对土地流转意愿的影响

首先,权益保障性具有交易价格效应。产权理论指出,产权的安全性是产权交易实现的基础,地权权益得到保障会在很大程度上影响农地市场交易的价格预期。未受保护的农地产权会降低农地的交易价格,使农地的交

易价格难以反映农地的真实价格。

那么,交易价格效应会怎样影响农户的转入、转出意愿呢? 对转出户而言,他们在做出土地流出政策之前往往会权衡土地流转收益与交易费用之间的大小,显然,较低的市场价格会弱化农户的土地流出意愿;对转入户而言,较低的土地市场价格会在一定程度上刺激转入户的流入意愿,但笔者认为,理性农户在考虑到土地价格低的背后原因是不受保障的土地产权时,会产生消极的流入意愿,综合两方面的考虑,转入户仍会放弃转入土地。

其次,权益保障性具有投资激励效应。现代产权理论认为,稳定、安全的产权制度能够激励人们进行生产性投资,提高资源利用效率。地权的安全性能够激励农户在耕地上进行生产性投资,比如提高农家肥的使用比例,建立土地休整轮耕制度,这将大大提高农业生产的边际收益,提升土地价值。

土地价值的提升无疑会提高农户的土地流入意愿,因为在投资激励的作用下,生产性投资不仅改善了土地质量,使土壤肥力、土壤质地得到显著提升,还增加了基础设施建设,使耕种、灌溉更为方便,土地耕作的比较收益得到提升,吸引部分非农就业能力差的农户放弃外出打工,进行土地耕种。

最后,权益保障性具有资源配置效应。地权的资源配置效应是指地权的安全性能够激励农户参与土地租赁市场和非农就业市场,从而平衡具有不同资源禀赋的农户的土地边际产出,提高土地资源的配置效率。

上文提到,投资激励效应对农业边际产出的正向影响能够提高农户的土地流入意愿,那么,这种效应是否会降低农户的土地流出意愿呢? 答案是否定的,因为农地价值的提高会逐步抬高农地的市场价格,并逐步促使农业边际产出低的农户退出竞争,农地最终集中在少数边际产出高的农户手中,也就是说,农地产权的安全性实现了农地资源的配置过程,而在这一过程中,整个市场的土地流转意愿得到了提升。

三、研究假设

基于以上分析发现,地权安全性包含产权稳定性及权益保障性两方面的内容,这两方面能够通过它们所派生出的交易费用效应、稳定收益预期效应、交易价格效应、投资激励效应及资源配置效应来促进农户的土地流转意愿。

据此,本章提出研究假设:土地产权的安全性能够提高农户的土地流入、流出意愿,促进农村土地的流转。

在实证检验中,我们需要选用一系列与地权安全性有关的指标综合测度,已有研究多选用土地承包经营权证的颁发情况、土地调整次数、土地确权情况等指标。这些指标从不同维度衡量地权的安全性水平,因此,这些指标对农户土地流转意愿的影响,可以在不同程度上反映出上述五大效应的作用,但是,实证检验难以量化某个具体指标所产生的五种效应的大小,而只能观察到指标所产生的综合效应。尽管如此,我们仍能从本章的研究中得到促进农地流转的有益启示。

第三节 数据来源与模型构建

一、数据来源与描述性分析

(一)数据来源

本章数据来源于 2015 年 8 月下旬笔者在山东省日照市碑廓镇进行的农户土地流转意愿调查问卷。碑廓镇位于日照市与临沂市的交界,总面积 96 平方千米,耕地 4600 公顷,辖 64 个行政村,5.3 万人(2011 年数据)。近年来,碑廓镇政府将木材加工引进农村,部分农田在政府的统一规划下转出给木材加工厂,土地流转因此成为当地的热门词汇,农户对于土地流转有着切身的感受。因此,我们将碑廓镇作为研究农户土地流转意愿的对象是十分具有代表性的。

本次调研团队利用随机走访的方式,在碑廓镇随机挑选了小湖村、后水沟村、小司官庄村、双合村、金龙河社区、宋家岭村、王家庄东山村、北泉子一村、大河口村,大司官庄村、南张家庄村 12 个村进行问卷调查。本次调研共发放问卷 380 份,回收有效问卷 373 份,问卷有效率为 98.00%。

(二)描述性分析

表 8-1 显示了农户的土地转出意愿与地权安全性指标之间的交叉统计数据,经过计算:第一,在经历过 1 次土地调整的农户中,愿意转出土地的农户比例为 36.80%,土地调整次数为 2~5 次的农户其愿意转出土地的比例为 22.70%、45.50%、1、0.33%,可见,土地调整次数对农户转出意愿的影响尚不明确,仍需进一步检验;第二,在没有征地预期的农户中,愿意转出土地的比例为 81.4%,而在具有征地预期的农户中,愿意转出土地的比例为28.30%,可见,强烈的征地预期会大大弱化农户土地流出意愿;第三,在没有土地证的农户中,愿意转出土地的农户比例为 77.10%,而具有土地证的农户,其愿意转出土地的农户比例为 51.00%,可见,拥有土地证可能会弱化土地转出意愿;第四,在认为土地流转风险"很小"的农户中,愿意转出土地的比例为 72.70%,认为土地流转风险"有一些"的农户,愿意转出土地的比例为 34.30%,而认为土地流转风险"很大"的农户,愿意转出土地的比例仅为 28.50%。

表 8-1　农户土地转出意愿与地权安全性指标交叉统计表

转出意愿	土地调整次数					征地预期		是否有土地证		土地流转风险		
	1	2	3	4	5	没有	有	否	是	很小	有一些	很大
不愿意	127	75	24	0	18	11	233	220	24	9	92	143
愿意	74	22	20	4	9	37	92	104	25	24	48	57

为了初步验证各指标对土地流出意愿是否有统计学影响,笔者对上述交叉表进行了 Pearson 卡方检验。表 8-2 的结果显示,四项指标的 Pearson卡方值的显著性水平 Sig. 值均小于 0.01(土地调整次数与土地转出意愿交叉表有 20.00% 的格子频数小于 5,但此检验只是初步检验,故勉强接受),说明这四项指标与土地转出意愿可能存在相关关系。

表 8-2　农户土地转入意愿与地权安全性指标交叉统计表

转入意愿	土地调整次数					征地预期		是否有土地证		土地流转风险		
	1	2	3	4	5	没有	有	否	是	很小	有一些	很大
不愿意	153	80	29	1	22	24	261	252	33	15	107	163
愿意	48	17	15	3	5	24	64	72	16	18	33	37

表 8-2 显示了农户的土地转入意愿与地权安全性指标之间的交叉统计数据,记过计算:第一,在只经历过 1 次土地调整的农户中,愿意转入土地的比例为 23.90%,土地调整次数为 2~5 次的农户愿意转入土地的比例分别为 17.50%、34.10%、75%、18.50%,可见土地调整次数对农户转入意愿的影响仍需进一步检验;第二,在没有征地预期的农户中,愿意转出土地的比例为 50.00%,而在具有征地预期的农户中,愿意转出土地的比例为 19.70%,可见,强烈的征地预期会大大弱化农户土地转入意愿;第三,在没有土地证的农户中,愿意转出土地的农户比例为 22.20%,而具有土地证的农户,其愿意转出土地的农户比例为 32.70%,两者差距不明显,需进一步检验;第四,在认为土地流转风险"很小"的农户中,愿意转出土地的比例为 54.50%,认为土地流转风险"有一些"的农户,愿意转出土地的比例为 23.6%,而认为土地流转风险"很大"的农户,愿意转出土地的比例仅为 18.50%,可见,土地流转风险预期越强烈,农户的土地转入意愿越弱。

同样,对交叉表进行了 Pearson 卡方检验,结果显示,农户征地预期、流转风险预期在 0.01 的水平下显著,土地调整次数在 0.05 的水平下显著,说明上述三项与土地转入意愿存在较强相关关系,是否拥有土地证的 Sig. 值为 0.109,说明土地证与土地转入意愿相关关系较弱。

二、变量选择与说明

(一)被解释变量的选取

本章研究的主要问题是农户的土地流转意愿,具体分为土地转出意愿和土地转入意愿。本章将农户土地转出意愿设为被解释变量 Y_1，若农户愿意转出，则赋值 $Y_1=1$，若农户不愿意转出，则赋值 $Y_1=0$；本章将农户的土地转入意愿设为被解释变量 Y_2，若农户愿意转入，则赋值 $Y_2=1$，若农户不愿意转入，则赋值 $Y_2=0$。

(二)解释变量的选取

本章研究的主要问题是地权安全性对农户土地流转意愿的影响，理论部分分析表明，地权安全性包括产权稳定性、权益保障性两个方面的内容，本章将选取指标分别衡量上述两个方面。

首先，本章选取 10 年内土地调整次数、农户征地预期两个指标来衡量农地产权的稳定性：土地调整次数是反映产权稳定性的客观指标，土地调整次数越多，土地产权的稳定性越低；农户征地预期是衡量产权稳定性的主观认知指标，征地预期越强烈，土地产权的稳定性越低。其次，本章选用是否拥有土地承包经营权证(以下简称土地证)及农户流转风险预期两个指标来衡量土地产权的权益保障性：是否拥有土地证是衡量权益保障性的客观指标，土地证能够明确土地经营权的主体归属，增强农户对农地产权的认识，因此，拥有土地证的农户，其权益受保障的程度高；农户的土地流转风险预期是反映权益保障性的主观指标，强烈的土地流转风险预期表明土地流转市场尚未成熟，当地对土地产权的保障力度低。

(三)控制变量的选择

1. 个体特征变量

如表 8-3 所示，个体特征变量包括户主性别、年龄、受教育程度及是否具有非农职业四个变量。根据张林秀(2005)、曾子成(2012)、蔡鹭斌(2013)等学者的研究结论，本文预期个体性别为男性、年龄较小、受教育程度高及具有非农职业的农户对土地的依赖程度小，拥有较高的土地转出意愿和较低的土地转入意愿。

表 8-3　自变量及说明

变量类别	变量名称	说明	最小值	最大值	均值	标准差	预期影响方向 转入	预期影响方向 转出
个体特征指标	性别 X_1	男=1;女=0	0	1	0.51	0.501	−	+
	年龄 X_2	实际数据输入	19	82	49.99	13.325	+	−
	受教育程度 X_3	小学及以下=1;初中=2;高中=3;大学=4;研究生及以上=5	1	4	1.86	0.779	−	+
	是否具有非农职业 X_4	有=1;无=0	0	1	0.50	0.501	−	+
家庭特征指标	劳动人口数 X_5	实际数据输入	1	5	2.31	0.810	−	+
	家庭年收入(万)X_6	实际数据输入	0.2	20	4.64	3.865	−	+
	农业收入占比 X_7	实际数据输入	0	1.10	0.31	0.303	+	−
	家中是否有人外出打工 X_8	有=1;没有=0	0	1	0.57	0.496	−	+
其他指标	是否购买养老保险 X_9	是=1;不是=0	0	1	0.86	0.347	−	+
	实际经营土地数量(亩)X_{10}	实际数据输入	0	12	4.12	2.151	−	+
	10年内土地调整次数 X_{11}	实际数据输入	1	5	1.82	1.150	−	−
地权安全性指标 产权稳定性指标	对土地是否会被低价征走的预期 X_{12}	会=1;不会=0	0	1	0.87	0.335	+	−
权益保障性指标	是否有土地承包经营证 X_{13}	是=1;否=0	0	1	0.13	0.338	+	+
	土地流转风险预期 X_{14}	很小=1;有一些=2;很大=3	1	3	2.45	0.652	−	−

2.家庭特征变量

家庭特征变量包括家庭劳动人口数、家庭年收入、农业收入占家庭收入比重及家中是否有人外出打工。根据徐美银(2012)、陈昱(2011)等学者的研究结论,本文预期家庭劳动人口数较多、家庭年收入高、农业收入占比低及家中有人外出打工的农户对土地的依赖程度低,其土地转出意愿越强,转入意愿越弱。

3.其他变量

为了更加全面地反映影响农户土地流转意愿的因素,本文还增加了反映社会保障程度的指标——是否购买养老保险,以及反映农户土地资源禀赋的指标——家庭实际经营的土地数量。赵光,李放(2012)指出,农地保障与农村社会保障具有关联性和互补性,健全、完善的农村社会保障制度能够弱化农民对土地的依赖,促进农村土地的流转,因此,本章预期已经购买养老保险的农户具有较强的土地转出意愿和较低的土地流入意愿。近年来,农村第二、三产业的发展使农业的比较收益逐年降低,实际经营土地数量多的农户倾向于升级家庭生产结构,摆脱对土地的依赖,因此,本章假设拥有较多土地的家庭具有较高的土地流出意愿和较低的土地流入意愿。

三、模型构建

本章研究的主要问题是农户的土地流入和流出意愿,农户回答的主要问题是"愿意"或者"不愿意",因变量是一种典型的二分变量。由于线性模型无法解决这类问题,我们考虑选择 Logistic 模型,模型的表达式为

$$P_i = \frac{1}{1+\varepsilon-Y_i} = \frac{1}{1+\varepsilon-(\alpha+\beta X_i)} \tag{8-1}$$

变形为

$$\ln\frac{P_i}{1-P_i} = Y_i = \alpha + \beta_1 X_{1i} + \beta_2 X_{2i} + \beta_3 X_{3i} + \cdots + \varepsilon_i \tag{8-2}$$

式中,P_i 表示农户愿意转入或转出土地的概率;α 为常数项,无实际意义;X_i 为解释变量,β_i 为解释变量的系数;ε_i 为误差项。

第四节　回归结果分析

一、多重共线性检验与拟合优度检验

为了能够最大限度地涵盖影响农户土地流转意愿的因素,本章共选取了14个解释变量,但多个解释变量极易造成共线性,导致分析结果出现误差。本文利用方差膨胀因子(VIF)来检验多重共线性,经过计算,本章解释变量的 VIF 最大值为 1.894,可见不存在多重共线性。

为了检验模型是否能够较好地拟合样本数据,我们需要进行拟合优度检验。由于本章的因变量为二分变量,所以本章选取 Omnibus 检验和 Hosmer and Lemeshow 检验来计算模型的拟合优度:经计算,转入和转出意愿回归结果 Omnibus 检验的 Sig. 值均小于 0.01,表示在 0.01 的显著水平下,引入全部解释变量和无效模型(只有常数项的模型)相比具有统计学差异,即至少有一个解释变量与因变量显著相关;转出意愿的 H－L 检验的 Sig. 值为 0.984,转入意愿的 H－L 检验的 Sig. 值为 0.867,表示模型能够较好地拟合农户土地转出意愿。

二、模型的回归结果

本章选用 SPSS 19.0 作为 Logistic 回归的主要工具,选择"进入"的方法以保证所有变量同进同出,回归结果如表 8-4、表 8-5 所示。

三、模型回归结果分析

(一)地权安全性指标对农户土地流出意愿的影响

由表 8-4 可知,土地调整次数对土地转出意愿的影响在 5% 的水平上显著,系数为负说明经历过土地调整次数越多的农户,其土地转出意愿越低。笔者认为,该实证结果验证了将土地调整作为衡量指标的产权稳定性的交易费用效应和稳定收益预期效应,主要表现在:首先,频繁的土地调整使农户产生强烈的土地调整预期，出于对失去土地的担忧，转出户不得不就土地调整后土地经营权的归属问题、土地续租问题与转入户进行详尽的协商、谈判，产生交易成本效应；其次，产权的稳定性是产生稳定收益的基础，频繁的土地调整使农户难以计算预期收入，无法对是否继续从业生产继续决策。此外，笔者还认为，土地调整与农地产权市场在提高资源配置效率方面具有替代作用，频繁的土地调整将导致农地产权市场的萎缩，这个发现与钱忠好（2002）的结论"当承包地的行政性调整变成村民所在社区的一种正式制度安排时，它就会完全取代农地的市场流转，使市场流转机制根本不能发挥作用"一致。

表 8-4　地权安全性与农户土地转出意愿回归结果

变量	B	S. E.	Wald	Sig.	Exp(B)
性别 X_1	0.296	0.270	1.201	0.273	1.344
年龄 X_2	0.027*	0.014	3.718	0.054	1.027
受教育程度 X_3	−0.596***	0.212	7.886	0.005	0.551
是否具有非农职业 X_4	0.556*	0.327	2.893	0.089	1.743
劳动人口数 X_5	0.303	0.185	2.686	0.101	1.353
家庭年收入（万）X_6	−0.274***	0.072	14.251	0.000	0.761
农业收入占比 X_7	−1.871***	0.657	8.099	0.004	0.154
家中是否有人外出打工 X_8	−0.448	0.314	2.029	0.154	0.639
是否购买养老保险 X_9	0.428***	0.086	24.748	0.000	1.534
实际经营土地数量（亩）X_{10}	−0.811**	0.407	3.967	0.046	0.444
10 年内土地调整次数 X_{11}	−0.309**	0.134	5.303	0.021	0.734
政府征地预期 X_{12}	−2.470***	0.459	28.972	0.000	0.085
是否有土地承包经营证 X_{13}	0.599	0.408	2.160	0.142	1.820
土地转出风险预期 X_{14}	−0.628***	0.210	8.928	0.003	0.534
常量	2.939	1.286	5.225	0.022	18.895

注：① −2Log likelihood＝349.27；Cox & Snell R Square＝0.271；Nagelkerke R Square＝0.374。

②*、**、***分别表示在 10%、5%、1%水平上统计显著。

农户征地预期对土地转出意愿的影响在1％的水平上显著,系数为负说明具有强烈征地预期的农户,其土地流出意愿越低。造成这一现象的主要原因除了交易费用效应外,还因为转出户担心一旦将土地转出会无法获得全额征地赔偿金。由于农户并不具有农地的所有权,土地流转只是土地承包经营权的流转,那么,一旦政府大规模征地,转出户获得全额征地赔偿能否得到切实保障呢?即使土地流转合同明确规定赔偿金归转出户所有,但缺乏契约精神的转入户面对巨额赔偿金也极有可能拒绝履行合同,甚至采用极端手段争夺利益,从而给转出户利益带来损害。因此,从转出户角度来讲,强烈的征地预期使转出户放弃转出土地。

农户土地流转风险预期对土地转出意愿的影响在1％的水平上显著,系数为负说明土地流转风险预期强烈的农户具有较低的土地转出意愿。笔者认为,该实证结果不仅验证了权益保障性的交易价格效应,还从侧面反映了农户地风险厌恶特征,主要表现在:第一,强烈的土地流转风险预期说明当地的土地流转市场尚不完善,对土地流转双方的权益保障力度不足,根据理论分析结果,权益保障力度不足会产生交易价格效应,降低土地市场价值,最终使转出户在高昂的交易成本和极低的市场价值的权衡下丧失转出意愿;第二,农户是风险规避的理性决策者,强烈的土地流转风险预期使转出户一方面担心失去转出的土地,另一方面担心难以按时得到土地租金。此时,农户的土地流转意愿会明显下降。

是否拥有土地承包经营权证对农户的土地转出意愿影响不显著,与Jin和Deininger(2009)所做的研究取得了一致的结果。笔者认为,造成这一现象的主要原因是土地证在农村并未发挥保障农地产权的作用。叶剑平等(2000)在实地调研中发现,新《土地管理法》通过以后,全国仍有8.1％的土地承包经营证书没有注明30年的使用期,25.6％的合同带有允许在30年内进行土地调整的条文。2008年中国17个省市的农村土地产权调查结果显示,34.6％的村在1992年农地二轮承包确权登记之后还进行了土地调整。可见,土地承包权证并未发挥预期作用,农地产权的完整性、安全性并未由于土地证的颁发而得到根本改善。此外，实证结果表明，土地证对农户转出意愿影响的显著程度明显大于对农户转入意愿的显著程度，这说明农户在转出土地时更加谨慎，十分担心失去土地。

通过以上分析我们发现，衡量产权稳定性的指标——土地调整次数、征地预期及衡量权益保障性的指标——土地流转风险预期均能显著影响农户的土地流出意愿，说明本章的研究假设"地权安全性能提高农户的土地流出意愿"得到支撑。

（二）地权安全性指标对农户土地流入意愿的影响

由表 8-5 可知，土地调整次数对土地转入意愿的影响在 1‰ 的水平上显著，系数为负说明激励过土地调整次数越多的农户，其土地转入意愿越低。除了上文提到的交易费用效应外，还有两个方面的原因：第一，地权的安全性具有投资激励效应，不安全的土地产权所产生的短期投机激励使农地生产能力一再下降，据农业部 2014 年发布数据显示，目前全国有机养分投入不足，作物总养分投入 30%，较 30 年前下降 20 百分点，绿肥种植面积由 1978 年的 1.8 亿亩减少到目前的 7680 万亩，降幅达 57%，农地生产能力的下降使农户丧失转入意愿；第二，频繁的土地调整极有可能导致转入户失去原先租入的土质肥沃、地理位置优越的土地，此时若放弃履行租约，无疑需要再次付出大量交易成本搜寻满意的土地，若继续履行租约，经营更换过的土地，又无法满足对耕地地理位置、土壤条件等的需求，因此，农户的土地流入意愿也会大打折扣。

表 8-5　地权安全性与农户土地转入意愿回归结果

变量	B	S. E.	Wald	Sig.	Exp(B)
性别 X_1	0.118	0.264	0.198	0.656	1.125
年龄 X_2	−0.001	0.014	0.008	0.927	0.999
受教育程度 X_3	−0.485**	0.206	5.554	0.018	0.616
是否具有非农职业 X_4	0.405	0.320	1.596	0.206	1.499
劳动人口数 X_5	0.236	0.178	1.751	0.186	1.266

续　表

变量	B	S. E.	Wald	Sig.	Exp(B)
家庭年收入（万）X_6	−0.213***	0.066	10.312	0.001	0.809
农业收入占比 X_7	−0.758	0.618	1.505	0.220	0.469
家中是否有人外出打工 X_8	−0.270	0.304	0.788	0.375	0.764
是否购买养老保险 X_9	0.328***	0.079	17.139	0.000	1.388
实际经营土地数量（亩）X_{10}	−0.662*	0.391	2.868	0.090	0.516
10年内土地调整次数 X_{11}	−0.345***	0.133	6.779	0.009	0.708
政府征地预期 X_{12}	−1.374***	0.382	12.946	0.000	0.253
是否有土地承包经营证 X_{13}	−0.089	0.404	0.048	0.826	0.915
土地转出风险预期 X_{14}	−0.638***	0.201	10.039	0.002	0.528
常量	2.991	1.245	5.770	0.016	19.896

注：① −2Log likelihood＝362.282；Cox & Snell R Square＝0.168；Nagelkerke R Square＝0.242。

② *、**、***分别表示在10％、5％、1％水平上统计显著。

征地预期对土地转出意愿的影响在1％的水平上显著，系数为负说明具有强烈征地预期的农户，其土地转出意愿越低。根据本次调研结果，笔者发现，56.2％的农户转入土地的原因是增加高附加值经济作物，例如种植花卉、水果、中药等，而种植上述作物需要进行大量的前期投入成本，例如改善土壤，修建温室大棚。转入户在征地预期强烈的情况下产生无法回收前期投资的担忧，且征地补偿归属容易与转出户产生矛盾，因此，在强烈的征地预期条件下，农户会放弃土地转入意愿。

土地流转风险预期对农户的土地转入意愿的影响在1％的水平上显著，系数为负说明具有强烈土地流转风险预期的农户，其土地转入意愿越低。笔者认为，转入户的流转风险主要体现在土地退化风险和租约风险上：首先，土地退化风险是指由于土地流转双方信息不对称，土地转出方容易采用隐瞒、欺诈的方法诱骗土地转入户转入土地质量差的土地，导致转入户无法获得预期收益甚至难以回收成本；其次，租约风险是由于农村土地流转极其不规范，仅有极少数的农户签订土地租赁合同，多数转入户在转入土地后，会对土地进行长期生产性投资,例如秸秆还田、合理轮作,使得农地的生产能力大幅提升,此时,若土地转出方要求收回土地,那么转入土地的农户将承受巨大损失。

是否拥有土地证对农户的土地转入意愿无显著影响,其主要是土地证未能发挥应有的土地保障作用,具体作用机理上文已做分析,在此不再赘述。

通过以上分析我们发现,衡量产权稳定性的指标——土地调整次数、征地预期及衡量权益保障性的指标——土地流转风险预期均能显著影响农户的土地转入意愿,说明本文的研究假设"地权安全性能提高农户的土地转入意愿"得到支撑。

综上所述,地权安全性能同时提高农户的土地转入、转出意愿,促进农村土地流转,本文的研究假设得到验证。

(3)其他控制变量对农户土地转入、转出意愿的影响

农户的受教育程度、家庭年收入及实际经营的土地数量对转入、转出意愿均有显著的负向影响,购买养老保险有显著的正向影响。第一,受教育程度高、家庭年收入高的农户往往是已经被"城市化"的新型农民,他们在城市工作、生活,却保留了农民的户籍,这部分农户对土地没有任何依赖,保有土地只是为了获得征地补偿,因此具有较低的流转意愿;第二,实际经营土地数量越多的农户其土地流转意愿较低,土地转出意愿较低的可能原因是家庭土地原有规模产生了一定的规模效应,土地产出大于流转的租金收入,所以农户放弃将土地租出的想法,土地数量多的农户土地转入意愿较低的原因是土地细碎化现状使农民难以开展大规模机械作业,耕作仍需大量人力成本,农户只能将土地规模维持在家庭劳动力能够满足的程度;第三,养老保险购买情况对土地流转意愿的影响方向同预期一致,不再赘述。

年龄、具有非农职业对农户的土地转出意愿有显著的正向影响,农业收入占比对农户的转出意愿有显著的负向影响,但以上3个变量对农户的土地转入意愿均无显著影响。第一,随着农户年龄的增大,农户逐渐丧失劳动能力,展现出较强的土地转出意愿,而转入意愿显著性低的可能原因是,年龄

较大和较小的农户,均表现出较低的土地转入意愿,因此在统计学上不显著;第二,具有非农职业的农户对农地的依赖程度低,因此具有较强的土地转出意愿;第三,非农收入占比高的农户具有较低的土地转出意愿,可能的原因仍然是上文提到的"新型农民"效应,他们对征地赔偿的预期使他们放弃转出土地。

性别、劳动人口数、家中是否有人外出打工对农户的土地转入、转出意愿均无显著影响。近年来,农村第二、三产业的发展为农村劳动力提供了大量的工作岗位,改变了农村的传统生产结构:首先,缓解了女性对土地的依赖,使性别这一变量的影响不再显著;其次,第二、三产业的发展吸引大量劳动力返乡工作,打工人员离自家土地的空间距离更近,此时,"种地吃饭,打工养家"的固有观念使部分打工人员选择利用工作之余耕种口粮地,最终表现为外出打工对农户土地流出意愿影响不显著。劳动人口数影响不显著的可能原因是:一方面,劳动力多的家庭更有可能将劳动力分配到土地耕作上以分散家庭风险,使家庭展现出土地依赖倾向;另一方面,近年来,政府过度强调稳定农地产权导致农村土地资源分配不均衡,部分人口多的家庭只有少量土地,家庭人均耕地较少,农地经营效率低下、成本较高,这使得家庭倾向于流出土地。最终,两方面的综合作用使劳动力人口数量对农户的土地流转意愿作用不显著。

第五节　小　结

本章根据日照市 373 份问卷的调查结果,利用 Logistic 模型研究了地权安全性对农户土地流转意愿的影响。理论分析部分表明,土地产权安全性包含产权稳定性与产权保障性两个方面的内容,它们通过稳定收益预期效应、交易成本效应、交易价格效应、投资激励效应、资源配置效应五个方面对农户的土地流转意愿产生影响。实证结果表明:土地调整次数、征地预期、土地流转风险预期对农户的土地转入、转出意愿均有显著的负向影响,土地承包经营权证对农户的土地流转意愿影响不显著,说明土地产权的稳定性能够提高农户的土地流转意愿，促进土地流转。

根据本章的研究结果，政府需要从以下几点入手提高农地产权的安全性，促进农村土地流转。

第一，完善农村土地承包经营权确权登记制度，明确土地承包年限。虽然《中华人民共和国农村土地承包法》《中华人民共和国物权法》都明确提出要稳定农地产权，但承包合同发放不到位、土地"三年一小调，五年一大调"的事情仍时有发生，这极大地影响了农户的土地流转意愿，阻碍了土地流转市场的发展。对此，政府首先应在充分保障农民利益和尊重历史的基础上进行新一轮的农地经营承包权确权登记工作，明确土地承包经营年限，稳定农地产权。其次，建立土地流转中介组织，建立健全土地流转市场。为此，一是要构建地区内乃至全国范围的土地供求信息网络，降低土地流转过程中的搜寻成本；二是要建立农地流转价格指导机制，在综合考虑各项影响土地价格的基础上合理定价，在保障农民权益的同时将有实力的个人及企业引入农业生产；三是要规范流转合同文本，明确流转双方义务；四是要为土地流转纠纷提供法律援助，保证流转双方的利益。最后，规范征地制度，稳定农户的征地预期。虽然我国的《中华人民共和国宪法》《中华人民共和国土地管理法》规定土地征用必须以公共利益为目的，但并未明确限定公共利益的范围，这造成地方政府将一切用地行为都划为公共利益的现象发生，最终使征地频发，农户征地预期强烈，农地产权极不稳定。对此，政府应规范征地制度，明确征地范围，力求征地计划透明化、公开化，使农户对征地拥有稳定预期，减少风险，提高土地流转意愿。

第九章　地权安全性与农地流转、经营：
基于浙鲁两省的问卷调研

第一节　背　景

随着我国城镇化的发展,以土地均包、分散经营为特点的农地制度暴露出严重缺陷。首先,土地划分零碎阻碍了农业生产专业化、机械化的推进,难以实现适度规模经营。同时,农村劳动力向城市大规模转移,客观上要求农地资源重新配置,使土地向农业生产率较高的农户转移,提高利用效率。程令国等(2016)指出,农地经营权流转是实现规模化经营、提高土地利用效率的有效途径,国家必须提供有效的制度环境,推进农地流转。

产权明晰并得到有效保护是农地顺畅流转的前提,为此我国把建立"产权清晰、权能明确、权益保障、流转顺畅、分配合理"的农地产权制度作为重要目标。一方面,中央试图加强土地承包经营权,并将稳定地权上升为法律规定(2002年《中华人民共和国农村土地承包法》要求村集体向村民发放土地承包合同和承包经营权证书);另一方面,中央试图稳定承包关系,促进长期投资(1984年提出"土地承包经营权15年不变",1993年提出"土地承包期限30年不变",2008年提出"现有土地承包关系长久不变")。然而目前,上述目标仍未完全实现:一是承包地未完成普遍的、其空间属性和物权属性有明确法律表达的使用权界定;二是现有土地承包关系并不稳定,63.7%的村在二轮承包时进行过土地调整,34.6%的村在二轮承包之后还进行了土地调整(叶剑平,2010)。

国内外有很多关于农地产权与土地流转行为的研究。一般认为,安全、稳定的地权能够稳定农户预期,降低交易成本,促进农地流转(马贤磊,2015;仇童伟等,2015;Zhou 和 Chand,2013),而缺乏稳定的地权(如村级土地调整)作为资源配置的方式,会取代农地的市场流转,使市场流转机制不能发挥作用(钱忠好等,2002)。有部分学者认为地权安全性对农地流转存在抑制作用(Jacoby 和 Minten,2006;Holden 和 Ghebru,2011)。一方面,明晰的地权强化了农户的排他性产权占先优势,导致了农户对产权准租金的追求,抑制了土地流转(钟文晶和罗必良,2013)。另一方面,农户将土地视为人格化财产,地权安全性强化了土地的禀赋效应,抑制了农地流转(罗必良,2014)。还有部分研究者认为地权安全性对农地流转的影响具有不确定性(Pinckney,1994;Place,1998;Do 和 Iyer,2008)。一方面,交易费用效应促进农地流转,另一方面,确权产生的"价格幻觉"使农户倾向于继续持有土地,地权安全性对农地流转的影响取决于两方面的综合作用(林文生,2016)。

地权安全性与农地经营权流转的关系,学术界尚未取得一致结论,有必要进一步探讨。现有研究的不足主要在于:第一,地权安全性影响农地流转的理论观点,大多局限于定性判断而缺乏理论模型的构建与分析;第二,现有文献未能从农户生产决策的微观视角回答土地流向问题,即地权安全性能否促进土地向农业生产率高的农户集中的问题。本章试图构建农户生产模型,分析地权安全性对农地流转的影响,同时将农业生产率引入分析框架,初步回答地权安全性能否提高土地资源配置效率的问题。

现有农地制度安排造成的地权不稳定使农地流转面临较高的交易成本,阻碍了农地经营权流转市场发展及农地资源配置效率的提高。本章建立农户土地配置模型进行理论分析,并基于山东省、浙江省 797 份农户调查数据实证检验地权安全性对农地流转的影响效应和机制。

第二节　理论分析与实证检验方法

一、理论分析

地权安全性包含权益保障性和产权稳定性两方面的内涵(武剑,2009)。为解释地权安全性与农地经营权流转的关系,学术界通常将交易费用引入分析框架。一方面,权益保障性扩大了土地交易的空间范围和社会范围,提高了搜寻交易对象的成功率,降低了搜寻成本(洪明勇,2015);另一方面,产权稳定性使农户在缔结土地流转合约时不必就土地调整等事件进行协商,降低了谈判成本(罗必良,李尚蒲,2010)。可见,地权安全性能降低交易成本。

接下来构建理论模型。类似 Jin 和 Deininger(2009),本章构造了代表性农户生产模型。设农户拥有初始农地禀赋 $\overline{A}$,劳动力禀赋 $\overline{L}$ 及农业生产率 α,为实现收益最大化,农户一方面将劳动力禀赋 L_a,农地禀赋 A 投入农业生产,获得农业收入 $F(L_a,A,\alpha)$[①];另一方面投入劳动力禀赋 L_o 进入非农就业市场,获得非农就业收益 $(1-v)wL_o$(非农部门的工资率为 w,非农就业风险为 v)。同时,农户能够以租金率 r 转入或转出土地;最后,土地的保障功能价值为 $S(A)$,并假设 $S'>0,S''<0$。农户家庭收益函数为

$$\underset{L_a,\,L_o,\,A}{\text{Max}}\; F(L_a,A,\alpha)+(1-v)wL_o-I^{\text{in}}\{(A-\overline{A})[r-c_1(\tau)]\}+$$

$$I^{\text{out}}\{(\overline{A}-A)[r+c_2(\tau)]\}+S(A) \tag{9-1}$$

$$\text{s. t. } L_a+L_o\leqslant\overline{L} \tag{9-2}$$

其中,I^{in} 为"是否转入土地"的二元函数:若 $A>\overline{A}$,则 $I^{\text{in}}=1$;若 $A\leqslant\overline{A}$,则 $I^{\text{in}}=0$。同样,定义 I^{out} 为"是否转出土地"的二元函数:若 $\overline{A}>A$,则 $I^{\text{out}}=1$;否则 $I^{\text{out}}=0$。$c_1(\tau)$ 和 $c_2(\tau)$ 分别表示转出方和转入方承担的单位土地交

---

① 假定生产函数 $F(L_a,A,\alpha)=\alpha^{1-\beta_1-\beta_2}L_a^{\beta_1}A^{\beta_2}$,其中 $\beta_1>0,\beta_2>0,\beta_1+\beta_2<1$。则生产函数 F 满足 $F_{L_a}>0,F_A>0,F_\alpha>0;F_{L_aL_a}<0,F_{AA}<0,F_{\alpha\alpha}<0;F_{L_aA}>0,F_{L_a\alpha}>0,F_{A\alpha}>0;F_{L_aL_a}F_{AA}-F_{L_aA}F_{AL_a}>0$。

易费用，其中 τ 表示地权安全性，根据上文分析，假定 $c'(\tau)<0$，$c'_2(\tau)<0$。由式(9-1)、式(9-2)式可推得 (L_a^*,A^*) 满足一阶条件

$$F_{L_a}(L_a^*,A^*,\alpha)=(1-v)w \tag{9-3}$$

$$F_A(L_a^*,A^*,\alpha)=r-c_1(\tau)-S''(A^*)（若 A<\overline{A}） \tag{9-4}$$

$$F_A(L_a^*,A^*,\alpha)=r+c_2(\tau)-S'(A^*)（若 A>\overline{A}） \tag{9-5}$$

既不转出土地也不转入土地的农户满足

$$r-c_1(\tau)-S'(A^*)\leqslant F_A(L_a^*,A^*,\alpha)\leqslant r+c_2(\tau)-S'(A^-) \tag{9-6}$$

既不转出也不转入土地的农户，其最优土地持有规模 $A^*=\overline{A}$，给定非农工资率 w 和非农就业风险 v，根据公式(9-3)可求得最优农业劳动力投入数量：$L_a^*=F_{L_n}^{-1}[(1-v)w,A^*,\alpha]$，因此不参与土地流转的农户投入农业生产的最优土地数量 A^* 及最优劳动力数量 L_a^* 不受地权安全性的影响。假设不参与土地流转农户的农业生产率 α 在区间 $[\alpha_L,\alpha_U]$，由(9-5)可知

$$\alpha_L=F_A^{-1}[L_a^*,A^*,r-c_1(\tau)-S'(A^*)] \tag{9-7}$$

$$\alpha_U=F_A^{-1}[L_a^*,A^*,r+c_2(\tau)-S'(A^*)] \tag{9-8}$$

由式(9-1)、式(9-2)对 τ 求导，得

$$\frac{\partial\alpha_L}{\partial\tau}=\frac{\partial F_A^{-1}}{\partial u}\cdot\frac{\partial u}{\partial\tau}=\frac{\partial F_A^{-1}}{\partial u}[-c'_1(\tau)]>0 \tag{9-9}$$

$$\frac{\partial\alpha_u}{\partial\tau}=\frac{\partial F_A^{-1}}{\partial z}\cdot\frac{\partial z}{\partial\tau}=\frac{\partial F_A^{-1}}{\partial v}[-c'_2(\tau)]<0 \tag{9-10}$$

其中，$u=r-c_1(\tau)-S'(A^*)$，$z=r+c_2(\tau)-S'(A^*)$，根据反函数的性质，F_A^{-1} 对 u、v 的偏导符号同 F_A 对 α 的偏导符号保持一致，由假设 $F_{A\alpha}>0$ 可知，F_A^{-1} 对 u、v 的偏导符号为正，从而 τ 增大时，α_L 增大而 α_U 减小。可见地权安全性增强使区间 $[\alpha_L,\alpha_U]$ 收窄，更多农户进入农地流转市场，产生农地流转行为。

由式(9-3)求导，得

$F_{L_aL_a}\cdot\dfrac{\partial L_a}{\partial\tau}+F_{L_aA}\dfrac{\partial A}{\partial\tau}=0$，由式(9-4)求导，得 $F_{AL_a}\cdot\dfrac{\partial L_a}{\partial\tau}+\dfrac{F_{AA}\partial A}{\partial\tau}=-c'_1$

$(\tau)-S_{AA}\dfrac{\partial A}{\partial\tau}$。综合两式解得

$$\frac{\partial A^*}{\partial \tau} = \frac{c'_1(\tau)F_{LaLa}}{F_{LaA}F_{ALa} - F_{LaLa}F_{AA} - S_{AA}F_{LaLa}} < 0 (若 A < \overline{A}) \qquad (9\text{-}11)$$

$$\frac{\partial A^*}{\partial \tau} = \frac{c'_2(\tau)F_{LaLa}}{F_{LaLa}F_{AA} - F_{LaA}F_{ALa} + S_{AA}F_{LaLa}} > 0 (若 A > \overline{A}) \qquad (9\text{-}12)$$

对土地转出户来说,转出面积 $\Delta A^{out} = \overline{A} - A^*$,$\frac{\partial \Delta A^{out}}{\partial \tau} = \frac{\partial A'}{\partial \tau} > 0$,说明地权安全性越高,转出户转出土地数量越多;对土地转入户来说,转入面积 $\Delta A^{in} = A^* - \overline{A}$,$\frac{\partial \Delta A^{in}}{\partial \tau} = \frac{\partial A^*}{\partial \tau} > 0$,说明地权安全性越高,转入户转入土地数量越多。

进一步,由式(9-3),式(9-4)式对 α 求导,得:$F_{LaLa}\frac{\partial L^*}{\partial \alpha} + F_{LaA}D + F_{La}\alpha = 0$;$F_{AL_a}\frac{\partial L^*}{\partial \alpha} + F_{AA}\frac{\partial A^*}{\partial \alpha} + F_{Aa} = -S_{AA}\frac{\partial A^*}{\partial \alpha}$,综合两式,解得

$$\frac{\partial A^*}{\partial \alpha} = \frac{F_{Aa}F_{LaLa} - F_{Laa}F_{ALa}}{F_{AL_a}F_{L_a}A - F_{AA}F_{LaLa}s - S_{AA}F_{LaLa}} > 0 \qquad (9\text{-}13)$$

由式(9-8)可知,农户最优土地持有规模与农户生产率成正比,说明在农地经营权流转市场中,农业生产率低的农户倾向于转出土地,而农业生产率高的农户倾向于转入土地,土地自发地由生产率较低的农户向生产率较高的农户集中,实现资源配置效率的提高。

二、计量分析方法

本章首先建立 Logit 模型,检验地权安全性对"农户是否参与土地经营权流转市场"的影响,见式(9-13)。

$$P_i(Y_i = 1 | R, X) = \frac{1}{1 + \varepsilon - (\alpha_0 + \alpha_1 R + \alpha_2 X)} \qquad (9\text{-}14)$$

由于大量农户并未参与农地流转,农地流转面积存在大量零值,因此我们采用下限(Left-Censored)为 0 的 Tobit 模型对农地流转面积进行考察。Tobit 模型形式如下

$$y^* = \beta_0 + \beta_1 R + \beta_2 X + \varepsilon_i ; \varepsilon_i | N(0, \sigma^2) \qquad (9\text{-}15)$$

$$y = \begin{cases} y^*, & \text{如果 } y^* > 0 \\ 0, & \text{如果 } y^* \leqslant 0 \end{cases}$$

式(9-13)、式(9-14)中，P_i 为农户发生土地流转的概率，Y_i 为是否发生土地转出（或转入）行为的二元变量，y^* 为潜变量，y 为观测变量（土地流转数量），R 为一组地权安全性变量，X 为一组控制变量，α_0 和 β_0 为常数项，α_1、α_2、β_1 和 β_2 为估计系数，ε_i 为误差项。

第三节　数据说明与描述性证据

一、数据来源

为了满足样本的分散性与代表性，本章选择山东省、浙江省作为样本点进行调研。采用随机抽样、入户调查的方式，调研团队于 2015 年 10 月在山东省日照市、临沂市发放问卷 380 份，回收有效问卷 373 份，2016 年 9 月继续扩大调查规模，在浙江省金华市、湖州市、宁波市、嘉兴市、台州市、温州市、湖州市发放问卷 450 份，回收有效问卷 424 份。两次调研共发放问卷 830 份，回收有效问卷 797 份，回收率为 96%。

二、变量说明和数据描述

主要解释变量为是否有土地承包经营权证（以下简称土地证）、10 年内土地调整次数和土地流转风险认知。土地证能明确产权归属，厘清四至，确定承包期，是土地产权的法律表达（叶剑平等，2000）。土地调整次数是衡量产权稳定性的重要指标，土地频繁调整导致交易成本增大。土地流转风险认知是衡量地权安全性的主观指标，较高的流转风险认知使农户面临较大的不确定性。

结合现有文献，选择农户的农业生产率等级变量、农户产权认知变量（财产功能认知、农地自由买卖态度）、户主特征变量（户主年龄、学历等）、家庭特征变量（家庭成员是否有非农就业、家庭人口数等）作为控制变量，变量说明及描述统计见表 9-1。

表 9-1 变量说明

变量	说明	均值	标准差
被解释变量			
是否有土地转出	1＝有,0＝无	0.40	0.49
是否有土地转入	1＝有,0＝无	0.20	0.40
土地转出面积	亩	0.57	1.27
土地转入面积	亩	0.29	1.36
地权安全性变量			
是否有土地证	1＝有,0＝无	0.32	0.47
土地流转风险认知	1＝很小,2＝有一些,3＝很大	2.15	0.67
10 年内土地调整次数	1＝无,2＝1 次,3＝2 次,4＝3 次,5＝4 次及以上	1.94	1.11
控制变量			
农户农业生产率等级①	1＝低,1＝中等,3＝高	1.81	0.91
土地财产功能认知②	1＝知道,0＝不知道	0.21	0.41
对土地自由买卖的态度③	1＝赞同,2＝有点不赞同,3＝不赞同	1.56	0.671
户主年龄	岁	44.96	14.32
户主学历	1＝小学及以下,2＝初中,3＝高中,4＝大学,5＝研究生及以上	2.32	1.086
户主婚姻状况	1＝有偶,0＝无偶	0.85	0.48
家庭成员是否有非农就业	1＝是,0＝否	0.62	0.485

---

① 农业生产率高的农户通常会加强保护性投资并种植经济作物,因此本文通过以下四点确定农户农业生产率等级:是否施用农家肥? 土地利用是否以种植经济作物为主? 是否打算增加经济作物种植比例? 是否打算添加农机设备或农业设施? 若其中第三、四项为"是",则为高农业生产率等级农户;若第二项为"是",则为中等农业生产率农户;若第一项为"是",则为低农业生产率农户。

② 问卷内容:您是否知道中央积极出台政策(如承包地抵押政策)盘活农地资产?

③ 问卷内容:您是否赞同农地自由买卖?

续　表

变量	说明	均值	标准差
家庭人口数	1=无,2=1人,3=2人,4=3人,5=4人及以上	3.97	1.04
农业收入占比	农业年收入与年收入比值(%)	0.22	0.32
家中是否有人外出打工	1=有,0=无	0.49	0.5
是否购买养老保险	1=是,0=否	0.76	0.43
是否有城市工作居住计划	1=有,0=无	0.34	0.48

三、描述性证据

表9-2显示:在没有土地证的农户中,存在土地转出行为的农户比例为33.7%[即183/(183+360)],存在转入行为的比例为18.4%,低于拥有土地证农户的土地转出、转入比例(分别为53.1%和24.0%),可见拥有土地证使更多农户进入农地经营权流转市场。认为土地流转风险"很小"的农户,产生农地转出行为的比例为49.6%,认为风险"有一些"和"很大"的农户,产生转出行为的农户比例分别为40.7%和33.5%,可见农地风险认知对土地转出行为有显著的负向影响,农地转入行为也能得出类似结论。随着土地调整次数增加,农户的土地流转参与率并未呈现出明显的递增或递减趋势,需进一步检验。

表9-2　地权安全性与农地流转行为

流转行为		是否有土地证		土地流转风险认知			土地调整次数(次)				
		否	是	很小	有一些	很大	0	1	2	3	≥4
土地转出行为	无	360	119	63	253	163	245	133	74	7	20
	有	183	135	62	174	82	126	71	81	24	16
土地转入行为	无	443	193	94	345	197	298	171	112	26	29
	有	100	61	31	82	48	73	33	43	5	7

注:表格报告的是个案数。

表9-3显示:无土地证的农户,其农地转出和转入面积均值分别为1.289亩、1.055亩,拥有土地证的农户,其土地转出、转入面积均值分别为

1.426亩和2.100亩,可见拥有土地证能提高农地流转规模;土地流转风险认知分别为"很小、有一些、很大"时,土地转出面积均值分别为1.637亩,1.247亩和1.341亩,土地转入面积分别为2.268亩,1.293亩和1.194亩,大致呈现出递减趋势,可见较高的土地流转风险认知对土地流转存在抑制作用;10年内土地调整次数由少至多时,土地转出面积与转入面积未呈现出规律性递增或递减趋势,仍需进一步检验。

表 9-3 地权安全性与农地流转面积

地权安全性指标		农地转出面积(亩)	农地转入面积(亩)
是否有土地证	否	1.289(1.787)	1.055(1.697)
	是	1.426(1.554)	2.100(3.827)
土地流转风险	很小	1.637(1.877)	2.268(5.284)
	有一些	1.247(1.390)	1.293(1.429)
	很大	1.341(2.079)	1.194(1.937)
土地调整次数	无	1.648(1.662)	0.855(1.421)
	1次	1.135(1.881)	1.479(1.125)
	2次	1.216(1.594)	2.256(4.492)
	3次	0.963(1.443)	1.340(0.823)
	4次及以上	1.156(1.691)	2.671(4.184)

注:①表格报告了土地流转面积的均值,括号内是标准差。
②统计个案仅包含存在土地转出(或转入)行为的农户。

第四节　实证结果分析

使用Eviews 8.0软件对模型进行回归,模型估计及检验结果如表9-4、表9-5所示。

一、地权安全性与农地转出行为

解释变量的影响。土地证对农户的土地转出行为有显著的正向影响:式9-14显示土地证在1%的水平上通过了显著性检验,从边际效应来看,拥有土地证使农户转出土地的概率提高 14.9%,式 9-15 显示在平均水平下,拥有土地证使农户多转出 0.961 亩土地。土地流转风险认知对农地转出行为有显著的负向影响:式 9-14 显示土地流转风险认知通过了 10% 的显著性检验,边际效应为负表明农地流转风险大会抑制农户的土地转出行为;式 9-15 显示土地流转风险认知通过了 10% 的显著性检验且符号为负,说明农地流转风险越大,农户的土地转出规模越小。10 年内土地调整次数的影响:式 9-14 显示土地调整次数的系数为正,与吉登艳等(2015)的研究结论相反,可能的解释是,农地频繁调整导致的不确定性风险使部分农户放弃耕作土地,由于交易费用的存在,农户选择抛荒或采用免费赠予的方式转出零碎土地,从而表现为土地调整提高了农地转出行为的可能性。式 9-15 中土地调整次数的系数为负印证了上述观点,即土地频繁调整虽然使部分农户低价转出土地,但土地转出呈现出范围窄、规模小的特点,并未形成规模化的有效流转。可见,只有安全、稳定的农地产权制度才能同时提高农户发生土地转出行为的可能性和交易量,形成规模化流转。

表 9-4 农户土地转出行为估计

变量	是否有土地转出(Logit)		土地转出面积/亩(Tobit)	
	(1)	(2)	(3)	(4)
是否有土地证	0.150**	0.149***	1.060***	0.961***
	(0.163)	(0.172)	(0.340)	(0.342)
土地流转风险认知	−0.046*	−0.039	−0.436*	−0.358
	(0.117)	(0.124)	(0.241)	(0.242)
土地调整次数	0.058***	0.062***	−0.062	−0.070
	(0.067)	(0.070)	(0.143)	(0.142)
农业生产率等级	0.017	0.012	−0.244	−0.277
	(0.083)	(0.085)	(0.173)	(0.169)
土地财产功能认知	0.005	−0.001	0.647*	0.600
	(0.184)	(0.193)	(0.373)	(0.372)
土地自由买卖态度	0.024	0.017	−0.051	−0.143
	(0.113)	(0.121)	(0.236)	(0.241)
户主年龄		0.003*		0.020
		(0.008)		(0.016)

续　表

变量	是否有土地转出（Logit）		土地转出面积/亩（Tobit）	
	(1)	(2)	(3)	(4)
户主学历		−0.019		−0.467**
		(0.101)		(0.199)
户主婚姻状况		−0.176***		−1.458***
		(0.226)		(0.448)
家庭人口数		0.028		0.474***
		(0.088)		(0.174)
是否有非农就业		0.105**		1.216***
		(0.189)		(0.383)
农业收入占比		0.087		0.867
		(0.276)		(0.530)
家中是否有人外出打工		0.075**		0.380
		(0.159)		(0.311)
是否购买养老保险		0.041		0.752*
		(0.201)		(0.402)
是否有城市工作居住计划		0.040		0.556
		(0.203)		(0.394)
常量	−0.229***	−0.441***	−1.061	−3.321**
	(0.374)	(0.730)	(0.768)	(1.420)

注：①Logit 模型报告的是均值处的边际值（Marginal Effect），括号内是标准误。
②Tobit 模型报告的是左截取（Left-Censored）情形下的系数，括号内是标准误。
③***、**、* 分别表示 $p < 0.01$，$p < 0.05$，$p < 0.1$。

控制变量方面，土地财产功能认知在式 9-15 中通过了 10% 水平的显著性检验，从边际效应来看，土地财产功能赋权使农户平均多转出 0.647 亩土地。这与罗必良（2014）的研究结论相反，即农地财产权赋权并未产生禀赋效应而阻碍农地流转，可能的解释是：农地财产赋权提高了土地的市场价格，在交易费用不变的前提下，已完成非农转移的农户将抛荒土地转出以获取收益。其他控制变量的影响均符合预期，可以看出，农户的土地转出行为取决于农业生产力及非农就业能力的高低，例如户主特征变量中年龄偏大、无偶，家庭特征变量中拥有非农就业、有家庭成员外出打工的农户倾向于转出土地。此外，购买养老保险使农户平均多转出 0.752 亩土地，这是因为养老保险弱化了土地的保障功能。

二、地权安全性与农地转入行为

(一)解释变量的影响

土地证对农地转入行为有显著的正向影响,与叶剑平等(2000)的研究结论一致,从"是否有土地转入"来看,拥有土地证使农户发生土地转入行为的概率提高 6.0%,控制更多变量后,该系数上升至 6.8%,并在 5% 的置信水平下显著;从土地转入面积来看,拥有土地证使农户平均多转入农地2.053 亩,控制更多变量后,该系数变成 1.971 亩,并在 1% 的置信水平下显著。农地流转风险认知未通过显著性检验,但式 9-14 和式 9-15 中符号为负表明农地流转风险阻碍农户产生土地转入行为,并抑制土地转入规模的提高。10 年内土地调整次数的系数为正,同预期相反,可能的原因是土地频繁调整导致部分土地被抛荒,农地市场价格接近于零,部分农户以低价转入土地。值得注意的是,这种农地流转模式存在严重问题:一是流转双方以"口头合约"为主,极易产生租约风险;二是农地市场价值过低使价格机制不能发挥作用,无法促进土地流向农业生产率高的农户,阻碍农地资源配置效率的提高。可见,只有安全、稳定的农地产权才能同时提高农户参与农地转入的可能性和交易量,提高农地资源配置效率(见表 9-5)。

表 9-5　农户土地转入行为估计

变量	是否有土地转入(Logit)		土地转入面积/亩(Tobit)	
	(5)	(6)	(7)	(8)
是否有土地证	0.060* (0.097)	0.068** (0.206)	2.053*** (0.564)	1.971*** (0.577)
土地流转风险认知	−0.020 (0.138)	−0.033 (0.145)	−0.380 (0.404)	−0.529 (0.415)
10 年内土地调整次数	0.008 (0.081)	0.010 (0.083)	0.738*** (0.231)	0.721*** (0.231)
农户农业生产率等级	0.040*** (0.097)	0.037** (0.100)	0.991*** (0.293)	0.963*** (0.290)
土地财产功能认知	−0.090** (0.242)	−0.074* (0.251)	−0.343 (0.642)	−0.131 (0.646)

续 表

变量	是否有土地转入（Logit）		土地转入面积/亩（Tobit）	
	（5）	（6）	（7）	（8）
土地自由买卖态度	−0.021 （0.139）	−0.010 （0.148）	−0.062 （0.395）	−0.028 （0.403）
户主年龄		−0.001 （0.009）		−0.019 （0.026）
户主学历		−0.008 （0.123）		−0.101 （0.351）
婚姻		−0.071* （0.244）		−0.862 （0.663）
是否有非农就业		0.035 （0.227）		1.070* （0.644）
家庭人口数		−0.027 （0.106）		0.016 （0.313）
农业收入占比		0.102** （0.309）		2.799*** （0.848）
家中是否有人外出打工		0.053* （0.189）		0.595 （0.531）
是否购买养老保险		−0.012 （0.235）		−0.581 （0.646）
是否有城市工作居住计划		−0.012 （0.250）		−0.228 （0.699）
常量	−0.236*** （0.446）	−0.048 （0.850）	−8.375*** （1.467）	−7.295*** （2.494）

注：①Logit 模型报告的是均值处的边际值（Marginal Effect），括号内是标准误。
②Tobit 模型报告的是左截取（Left-Censored）情形下的系数，括号内是标准误。

（二）控制变量的影响

农户农业生产率等级的影响，表 9-5 显示，农业生产率每高一个等级，农户发生土地转入行为的概率提高 4.0%（控制更多变量后，边际值为 3.7%），土地转入面积增加 0.991 亩（控制更多变量后，系数为 0.963 亩），且均在 1% 置信水平下显著，该结果表明土地自发地向农业生产率高的农户集中，提高了资源配置效率。土地财产功能认知对农户是否产生土地转入行为有显著的负向影响,可能的解释是农户不具备"核查土地是否被抵押"的能力,为了防止租约风险,农户放弃转入土地。拥有非农就业、有家庭成员外出务工对土地转入行为有显著的正向影响,结合表 9-4 得出的结论"拥有非农就业、有家庭成员外出务工的农户更倾向于转出农地"不难看出,部分农兼业家庭同时存在土地转出、转入行为,可能的解释是:在劳动力市场不完善的背景下,非农就业能力较差的农户做出返乡耕种的打算,为实现规模经营,农户通过互换、租赁等方式实现连片经营。最后,农业收入占比系数为正,说明对农业依赖较大的农户倾向于扩大土地经营规模。

三、进一步分析

为了检验地权安全性的资源配置效应,本文将样本按照农业生产率等级分成 3 组分别估计,地权安全性与土地流转行为的分组回归结果如表 9-6、表 9-7 所示。

地权安全性与农地转出行为的分组估计结果见表 9-6,我们期待地权安全性对农业生产率低的农户的土地转出行为产生更加显著地影响,从而证明地权安全性使农业生产率较低的农户更愿意将土地租出而减少或退出农业生产,优化土地资源配置。从 Logit 模型来看,土地证的估计结果印证了上述观点,对农业生产率低的组别,拥有土地证使农户发生土地转出行为的概率提高 16.6%,且在 1% 置信水平上显著,而对于生产率高的组别,土地证的效应既小且不显著;Tobit 模型显示,土地证对高生产率组别的农地转出面积有显著的正向影响,结合"土地证对高生产率农户发生土地转出行为的影响并不显著"不难看出,土地证能够促进希望退出农业生产的部分高生产率农户更加顺畅地转出土地,同样有助于土地资源配置效率的提高。土地流转风险预期同时限制了低生产率农户和高生产率农户发生农地转出行为,阻碍了农地流转市场的发展。农地调整次数能显著促进生产率较高的农户产生土地转出行为,说明土地调整加剧了投资收益的不确定性,导致部分农业生产率较高的农户放弃农业生产而转出土地,不利于资源配置效率的提高。就土地转出面积来看,土地调整对农业生产率低的农户有更大更显著地抑制作用,不利于土地资源配置的优化。基于上述分析,我们发现,地权安全性不仅能够促进低生产率农户参与农地流转市场,转出更多土地,而且能促进希望退出农业生产的高生产率农户更加顺畅地转出土地,有利于土地资源配置效率的提高。限于篇幅,控制变量的分析省略。

表 9-6　地权与土地转出:按照农户生产率的分组估计

变量	是否有土地转出(Logit)			土地转出面积/亩(Tobit)		
	低生产率	中生产率	高生产率	低生产率	中生产率	高生产率
是否有土地证	0.166***	0.191**	0.091	0.592	0.878	1.362**
土地流转风险认知	−0.067*	0.117	−0.086*	−0.452	0.195	−0.917**
是否有土地调整次数	0.021	0.152***	0.081***	−0.432**	0.679*	0.181
土地财产功能认知	−0.012	−0.035	0.017	0.281	−0.309	0.805
土地自由买卖态度	−0.011	−0.037	0.070	−0.205	−0.357	0.206
户主年龄	0.002	−0.004	0.008**	0.016	−0.050	0.060**
户主学历	−0.041	−0.077	0.032	−0.321	−0.866	−0.583*
婚姻状况	−0.234***	−0.116	−0.170*	−2.026***	−0.010	−0.621
家庭人口数	0.045*	−0.012	−0.008	0.590***	0.291	0.587*
是否有非农就业	0.151***	0.163	−0.041	1.060**	3.690***	0.614
农业收入占比	0.145**	−0.128	−0.076	1.120*	3.327*	−0.145
家中是否有人外出打工	0.083*	0.052	0.077	0.687*	−0.024	−0.183
是否购买养老保险	0.042	0.083	0.009	0.899*	1.989*	−0.431
是否有城市工作居住计划	0.036	−0.085	0.090	0.487	0.522	0.715
常量	−0.207	−0.220	−0.476*	−2.599	−5.524	−4.994**

注:①Logit 模型报告的是均值处的边际值。
②限于篇幅,表格未报告标准误。

地权安全性与农地转入行为的分组估计结果见表 9-7,我们期待地权安全性对农业生产率高的农户的土地转入行为产生更加显著地影响,从而证明地权安全性能够使农业生产率高的农户更愿意租入土地而增加农业生产,优化土地资源配置。表 9-7 的结果验证了上述猜想:对农业生产率高的组别，拥有土地证使农户发生土地转入行为的概率提高 16.7%，转入面积增加 3.725 亩，且均在 1% 的置信水平下显著，而对于农业生产率较低的组别，土地证效应既小又不显著。土地流转风险认知也能得到类似结论，对农业生产率高的组别，风险认知每高一个等级，农户发生土地转入行为的概率下降 8.1%（10% 置信水平下显著），土地转入面积下降 2.014 亩（5% 置信水平下显著），而对于生产率低的组别，风险认知效应既小又不显著。可见，地权安全性能促进农业生产率高的农户转入土地，提高农地资源配置效率。土地调整次数仅对高农业生产率组别的土地转入面积产生显著影响，符号为正同预期相反，可能的原因是土地频繁调整导致土地市场价值低，价格效应吸引部分准备扩大农业生产的农户转入农地。限于篇幅，控制变量的分析省略。

表 9-7　地权与土地转入：按照农户生产率的分组估计

变量	是否有土地转入（Logit）			土地转入面积/亩（Tobit）		
	低生产率	中生产率	高生产率	低生产率	中生产率	高生产率
是否有土地证	−0.015	0.081	0.167***	0.498	1.250*	3.725***
土地流转风险认知	−0.047	0.089	−0.081*	−0.114	0.670	−2.014**
10 年内土地调整次数	−0.024	0.046	0.019	0.476	0.389	0.852*
土地财产功能认知	−0.132**	−0.159*	−0.036	−0.716	−1.200	1.172
土地自由买卖态度	0.008	−0.103*	−0.012	0.390	−1.022**	0.042
户主年龄	−0.002	−0.005	0.002	−0.039	−0.057	0.049
户主学历	−0.025	−0.053	0.194	−0.412	−0.711	0.194
婚姻状况	−0.125***	−0.075	0.011	−1.311	−0.540	−0.571
家庭人口数	0.000	−0.087**	−0.038	0.649	−0.909**	−0.411
是否有非农就业	0.125**	−0.078	−0.075	1.959**	−0.910	0.865
农业收入占比	0.115	0.023	0.128	2.535**	0.008	4.297**
家中是否有人外出打工	0.060	0.109	−0.040	0.303	1.005	−0.426
是否购买养老保险	−0.007	0.123	−0.089	−1.287	1.400*	−1.350

续 表

变量	是否有土地转入（Logit）			土地转入面积/亩（Tobit）		
	低生产率	中生产率	高生产率	低生产率	中生产率	高生产率
是否有城市工作居住计划	−0.021	−0.012	0.027	0.026	0.168	−0.905
常量	0.048	0.443	0.032	−6.651*	5.306	−4.475

第五节　小　结

本章建立了代表性农户生产模型分析地权安全性对农地流转及土地资源配置的影响，并以2015—2016年对山东省、浙江省797份农户样本数据为依据，实证分析了地权安全性对农户转出和转入承包地行为的影响。结果表明，安全、稳定的农村土地产权制度有助于农地的流转和集中，并促进农地资源的优化配置。第一，土地承包经营权证、较低的农地流转风险稳定了农户预期并减少了土地流转过程中的不确定性风险，从而降低了交易费用，使农户参与土地流转的可能性和交易量显著上升。频繁的土地调整导致土地以低价流转，不利于流转规模的扩大及土地资源配置效率的提高。第二，地权安全性对土地流转的影响与农户的农业生产率水平密切相关，安全、稳定的地权能使农业生产率较低的农户更愿意转出土地而减少或退出农业生产，同时促进农业生产率较高的农户更愿意转入土地而扩大农业生产，实现土地资源配置效率的提高。

为促进农村承包土地顺畅高效地流转，根据本章研究结果，提出如下建议：一是要在厘清农地产权边界和权属关系的基础上加快推进农村确权工作，颁发土地承包经营权证书，稳定农地产权制度，减少土地流转纠纷发生的可能性，切实保障农户的土地产权；二是固定土地与农户之间的权属关系，明确土地承包期，一旦确权后土地不应再调整，从而永久性保障农户的承包经营权；三是建立完善的土地流转市场，做好土地流转服务，政府应加快建立合同签订与鉴证、政策咨询、纠纷调解机构，减少农地流转风险，保障农地流转的顺畅进行。

第十章　农户拆迁补偿政策偏好实证研究：基于选择实验法分析

第一节　背　景

当前我国城市化进入快速发展阶段,城市扩展和发展催生的土地需求导致大量农村房屋被拆迁(董礼结,2008)。与此同时,拆迁矛盾频频爆发,尽管政府不断调整和多样化拆迁补偿政策,拆迁矛盾和被拆迁户的获得感仍未明显改善。其原因除了补偿标准偏低外,还在于补偿方案的低效性,即补偿方案的制定忽视了农户对拆迁补偿政策的感知和偏好,造成一方面政府支付高额补偿,另一方面农户对补偿方案仍不满意的困境(王正攀等,2010)。可见,决定拆迁补偿满意度或获得感的关键有两方面因素:一是"量"的问题,即补偿数量的确定,其本质是拆迁利益的分配;二是"效率"的问题,即同等价值量的补偿标准下,怎样的补偿政策配置才能最大化被拆迁户效用。随着房屋拆迁制度的完善,补偿的绝对数量将渐趋统一,此时"效率"问题将会成为制约补偿政策成败的关键所在。被拆迁人的感知和获得(满意度或效用)是衡量补偿政策效率的重要指标,通过被拆迁户的视角来识别人们对拆迁补偿政策的偏好程度,将对拆迁政策的有效实施及保障拆迁户的利益起到重要作用。

目前,学术界对拆迁补偿政策的农户偏好研究不足,仅从"量、效"两个角度展开论述。学术界对"量"的讨论集中在两个方面:一是补偿范围,完全补偿论认为除了针对房屋及附属物所有权、土地使用权的补偿外,还应包含对精神损失等间接损失的补偿(田竞,2015);公平合理补偿论则认为完全补偿会加重政府财政负担,政府只需完全补偿被拆迁户"直接的、物质的、确定的"损失,而对"间接的,精神的,重大的"损失只需采取有限度的、有条件的补偿。二是补偿标准,目前学术界存在土地补偿论(以土地的农用价值为基础进行补偿),财权补偿论(以被征地农民的实际损失为基础进行补偿,包括农地发展权、就业权等),人本论(完全以被征地人的社会生存成本为基础进行补偿,保障其生存发展)及市场论(拆迁标准由拆迁双方协商,按照自由市场的原则确定补偿方案)四种观点(张术环和孔令德,2006)。

学术界对"效率"的讨论主要集中于拆迁补偿模式的配置:董礼洁认为,现有补偿方案低效的主要原因是,"未能从被拆迁户的角度出发考虑其经济主体地位再造的成本和代价因素,仅仅孤立地考虑被拆迁户的短期利益,导致其生存权受到侵害"(董礼结,2008);王晓东指出,政府应出台长期补偿政策,变一次性货币补偿为长期补偿,收取年金,或强制将补偿款存入银行,用利息来解决医疗、养老保障问题等;吴旭鹏等认为,应打破货币补偿和产权置换的简单模式,采取多元化补偿方式,货币补偿增加教育补偿和后期收益权补偿模式,安置补偿增加农业生产安置、择业安置、入股分红、异地移民等多种方法(吴旭鹏等,2010);魏建博认为,拆迁补偿应着重解决社会保障问题,建立最低收入保障、劳动就业保障及社会养老保障(魏建博,2010);丁晓丽认为,补偿方式应以金钱补偿为主,辅以实物补偿、安排就业、兴建生产设施,给予生活优惠政策等,全方位保障被拆迁农户的生活(丁晓丽,2011)。

众多研究虽为我国拆迁补偿体系的构建发挥了重大作用,但仍存在局限性:第一,对被拆迁户的政策偏好研究不足;第二,缺乏定量方法,无法评价基于农户视角的拆迁方案的价值高低。基于此,本章尝试利用选择实验(Choice Experiment,CE)的方法来定量研究被拆迁人对实物类补偿(提供拆迁安置房)、权益类补偿(就业安置、分享集体经济收益、提供养老保险)及政策要素(拆迁政策公平性、透明性)的偏好,为政府制定拆迁补偿方案、保障被拆迁户利益提供有价值的信息。

本章基于山东日照市的农户问卷调查数据和选择实验法分析农户对拆迁补偿政策的偏好及估值。研究结果显示:农户对实物安置房补偿方案具有较高偏好,其估值达 39.8 万元;农户对养老保险、分享集体经济收益和就业安置方案的估值分别为 7.54 万元、5.81 万元和 3.69 万元;农户对政策透明性和公平性的感知价值为负值。研究认为,拆迁补偿应主要以产权置换为基础,将被拆迁户的长期利益与短期利益相结合,综合运用就业安置、提供养老保险、分享集体经济收益等政策保障被拆迁户的生存发展权,同时提高拆迁补偿政策的透明性和公平性,使拆迁补偿政策的福利效果最大化。

第二节　选择实验法的理论框架

选择实验法是陈述偏好法的一种,它提供一个包含若干备选方案的假设情景,受访者要在一个选择集(choice set)中选出他认为最优的备选方案。通常情况下,每个选择集由若干备选方案和一个对照方案组成,每个备选方案由若干不同水平的属性(attribute)组成(其中必须含有使用货币度量的属性)(Samuelson 和 Nordhaus,2004)。受访者对具有不同要素水平的方案进行权衡,根据效用最大化原则选择方案。研究者可根据选择结果分析受访者对每个要素的支付意愿,评价方案优劣。

选择实验法最早被应用在市场营销和交通运输业,Louviere、Hensher 和 Woodworth 应用 CE 研究了消费者对具有不同属性商品的偏好程度(Louviere 等,1983;Louviere 和 Woodworth,1983);Wardman、Hatfield 和 Page 研究了居民对自行车道隔离的支付意愿(Wardman 等,1997)。后来,CE 拓展到生态补偿、食品安全等多个研究领域:Lusk、Norwood 和 Pruitt 研究了美国消费者对在猪肉中抗生素禁用属性的偏好及支付意愿(Lusk 等,2006);Tonsor 等利用 CE 发现,消费者对于属性的认知及偏好会影响其支付意愿、市场参与、政策的有效性及消费者福利(Tonsor 等,2009);Hasler、Lundhede 和 Martinse 利用 CE 评价了丹麦公众对保护水资源的强烈偏好(Hasler 等,2005)。近年来,中国学者将选择实验法引入国内,马爱慧等利用 CE 研究发现,市民对耕地周边景观及生态环境属性有较高的支付意愿(马爱慧等,2012);王文智和武拉平将 CE 运用到猪肉质量安全属性的研究中,发现城镇居民对猪肉"绿色"认证有较高的支付意愿(王文智和武拉平,2013)。选择实验法主要基于两个经济学理论,一是 Lancaster 的要素价值理论,即任何物品都可以被一组不同水平的特征要素来描述;二是 Luce 和 McFadden 提出的随机效用理论,假设个人偏好可以用如下效用函数所表示

$$U = V(X) + e(X,Z) \tag{10-1}$$

其中,X,Z 为分别表示市场所提供的产品及环境物品的一组向量。由于无法观测到 X 和 Z 中的部分物品,故将效用方程分为可观测部分 $V(\cdot)$ 和不可观测的部分 $e(\cdot)$。假设受访者在方案 g 和 h 中进行选择,选择方案 g 的概率可以表示为

$$P[U_g > U_h] = P[(V_g + e_g) > (V_h + e_h)] = P[(V_g - V_h) > (e_h - e_h)] \tag{10-2}$$

假定扰动项 e 服从极值分布,$V = \beta_n(X_n)$,其中 X 是由 n 个可观测到的备选方案属性所组成的向量,β 为属性的系数向量,且假设 $\beta_0 = 0$。最终可得选择方案 g 的概率为

$$P_g = \frac{e^{-\mu\beta(x_{gn} - x_{hn})}}{1 + e^{-\mu\beta(x_{gn} - x_{hn})}} \tag{10-3}$$

式中,μ 是一个尺度参数,和扰动项的标准差成反比例关系。式(10-3)为选择实验的基础模型——MNL 模型(Multinomial Logit Model)。本章要采用的具体计量模型——随机参数模型(Random Parameter Model,RPL)模型和潜在分层模型(Latent Class Model,LC)进一步发展了上述模型。RPL 模型认为消费者具有异质性偏好,每个被访者的效用系数 β 通过密度函数 $f(\beta_i)$ 表现,此时,被访者 i 选择备选方案 j 的概率可被修正为如下形式

$$P_{if} = \int \frac{\exp(\beta'_i V_{ij})}{\sum_m \exp(\beta'_i v_{im})} f(\beta_i) d\beta_i \tag{10-4}$$

其中,m 为一个选择集中的选项数。进一步地,消费者的偏好可能存在

层次性,即每一层次内部,消费者的偏好大致相同,而不同层次的消费者其偏好差异较大。为此,学术界又发展出了 LC 模型,假设 N 个消费者被分为 S 层,则在该模型中,$f(\beta)$ 是离散的,且有 S 个不同的表达式,此时,S' 层中的被访者 i 选择备选方案的 j 的概率可被修正为如下形式

$$P_{ij} = \sum_{s=1}^{s} \frac{\exp(\beta_s V_{ij})}{\sum_m \exp(\beta'_s V_{im})} R_{ts} \tag{10-5}$$

其中,β_s 是层次 S' 的参数向量,R_{is} 是消费者 i 落到层次 S 的概率。假设变量和常数项服从正态分布,则可直接计算支付意愿,某一属性的支付意愿 WTP 为效用函数中属性变量的参数与价格变量参数的比值(Carson 等,2014;张小红,2012;李京梅等,2015),即

$$\text{WTP} = \frac{\text{Attribute Parameter}}{\text{Cost Parameter}} \tag{10-6}$$

而各个属性组合方案相对于对照方案的价值可以用初始效用状态偏好与最终效用状态差异来表示,即

$$\text{CS} = -\frac{1}{\beta_T} \mid \ln \sum^i exp V_1 - \ln \sum^i exp V_0 \mid \tag{10-7}$$

式中,CS 表示补偿剩余,即消费者对方案 i 的支付意愿,V_1 表示最终效用,V_0 表示初始效用。

第三节　选择实验设计与样本选择

一、补偿方案属性的确定及选择实验设计

为了科学地测度被试对拆迁补偿方案的偏好及估值,本章构建了拆迁补偿政策体系,其基本属性及其水平设计如下。

(1)货币补偿,根据以下方法测算货币补偿的属性水平:一是财权补偿法,具体计算公式如下:拆迁补偿款=房屋重置成本价+宅基地使用权折价+安置过渡费+其他间接损失费=7 万元+5 万元+0.5 万元+1 万元=13.5 万元(参照当地已拆迁数据);二是人本法,按照家庭年收入的 10 倍进

行核算,2016 年日照市农村人均可支配收入为 13379 元,按照三口之家计算可得补偿款 40.1 万元;三是采用预调研方法,运用开放式问卷了解当地 50 名受访者的意愿,在"您期望获得的补偿款数量"一题中,均值为 36.42 万元。基于以上三种测算方法,本章将货币补偿属性定为 10 万元、20 万元、30 万元及 40 万元四个水平。

(2)实物类补偿采取产权置换方法,即一户宅基地(符合村庄规划,5 间房屋)置换 300 平方米同一地段高层住宅,根据房屋结构、成新将房屋划分为Ⅰ、Ⅱ、Ⅲ级,分别置换中间层、顶层、底层住宅。

(3)权益类补偿采取三种方式,一是购买养老保险,为农户缴纳 15 年养老保险统筹费;二是就业安置,为被拆迁户提供免费就业培训,实行为吸纳被拆迁户就业单位发放用工补贴或减免税收政策,实行小额创业贷款免息政策,支持自主创业,促进多渠道就业;三是分享集体经济收益,与"10%留用地制度"结合,发展集体经济,收取分红。

(4)政策因素——透明性和公平性加入属性集,保证拆迁补偿工作透明与公平,阳光操作。具体属性水平设定如表 10-1 所示。

表 10-1 拆迁补偿方案属性及水平确定

属性	描述	水平
货币补偿	一次性货币补偿金额(万元)	10,20,30,40
产权置换	一户宅基地置换 300 平方米同地段高层住宅,按房屋成新定级,决定安置房楼层	1=有,0=无
养老保险	为农户缴纳 15 年养老保险统筹费	1=有,0=无
分享集体经济收益	与"10%留用地制度"相结合,发展集体经济,收取分红	1=有,0=无
就业安置	提供工作培训,为吸纳被拆迁户就业单位发放用工补贴,小额创业贷款免息	1=有,0=无
透明性	拆迁政策、补偿金额完全透明	1=透明,0=不透明
公平性	拆迁政策符合公平、公正原则	1=公平,0=不公平

上述 6 个属性中,按照完全要素设计共可产生 128 种不同的方案,考虑到实际操作的可行性,本文首先利用 SPSS 19.0 进行正交设计,得到 16 个正交方案,去掉明显优于和劣于其他备选方案的 2 个方案,然后将剩余的 14 个方案编入 12 个选择集,每个选择集中包含 2 个备选方案及 1 个对照方案(前两个方案均不接受,拒绝拆迁),最后将 12 个选择集分为 2 组,每组 6 个选择集供受访者选择,选择集样例如表 10-2 所示。

表 10-2　选择集样例

属性	方案 A	方案 B	现状
人均现金补偿	30 万	40 万	不 拆 迁
产权置换	无	无	
养老保险	有	无	
分享集体经济收益	有	有	
就业安置	有	无	
透明性	不透明	不透明	
公平性	不公平	公平	
您的选择	□	□	□

二、调查样本选择

本章数据来自研究团队在山东日照市进行的选择实验问卷。兼顾到样本地区的差异性与代表性,调查样本地点涉及日照市的小湖村、王东山村等 12 个村。调研团队通过随机原则采用入户调查的方式,发放问卷 380 份,回收有效问卷 372 份,共形成 2232 个观测数据(372 份问卷×6 个选择集)。调查问卷内容除 12 个选择集外,还包括了被访者的人口统计学和社会经济特征,具体样本特征分布如表 10-3 所示。

表 10-3 样本特征分布情况

特征变量	定义	频率	最小值—最大值	均值	标准差
性别	1＝男	51.1％	1—2	1.49	0.501
	2＝女	48.9％			
实际数据	—		19—82	50.06	13.29
教育程度	1＝小学及以下	35.2％	1—4	1.85	0.772
	2＝初中	47.3％			
	3＝高中	14.5％			
	4＝大学及以上	3.0％			
家庭年收入	实际数据/万	—	0—20	4.65	3.864
住房情况	1＝自有房屋	91.3％	1—4	1.16	0.576
	2＝租赁房屋	1.1％			
	3＝父母的房屋	6.2％			
	4＝其他	1.4％			

第四节 实证分析结果

一、对拆迁补偿方案偏好的估计

利用 2232 个观测数据,本章通过 Nlogit 5.0 软件分别估计 MNL、RPL和 LC 模型的参数,其中 LC 模型根据参数显著化程度分为两层。在传统选择实验中,用货币度量的属性表示被试需要支付的数额,而本章用货币度量的属性为"拆迁补偿金额",是消费者"得到"的金额,为了同传统选择实验法相契合,避免歧义,本章的补偿金额在纳入模型计算时修正为负值。参数估计结果如表 10-4 所示。

MNL、RPL 模型的对数似然值分别为－1538 和－1517,模型整体拟合效果良好,RPL 模型的系数全部在 5％或 1％水平下显著,优于 MNL 模型。

货币属性被修正为负值进入模型，货币补偿的系数为负说明货币补偿越多，受访者的效用越大，同实际情况相符。养老保险、安置房、分享集体经济收益、就业安置属性的系数为正，说明被拆迁户对上述政策有积极的偏好，与现实情况相符。政策透明性与公平性的系数为负，与预期情况相反，可能的原因有：第一，部分被访者表现出政策抗拒心理，对"透明、公平"承诺持怀疑态度，在决策时忽视了这两项政策属性。第二，就公平性来说，被试者对政府的执行能力持怀疑态度，因为住房的异质性、价值属性的多元性导致政府无法得到准确的房屋评估价值，公平的实现缺乏技术基础。第三，就透明性而言，被访者对透明性的两个方面产生不同态度，一方面，农户对拆迁补偿政策的透明化持支持态度，房屋价值的评估、安置过渡费用的计算、房屋产权置换规定等方面越透明，被拆迁户的满意度越高；另一方面，最终每户享受的补偿数量，被试者拒绝透明化政策，因为人们往往将家庭财产视为隐私，透明化使人们对财产安全、亲邻关系产生担忧，从而表现出拒绝透明化的倾向。可见，此实验结果并非说明被试者对公平、透明的抵制，而恰恰表明公众对政府执行公平、透明的能力提出了更高的要求。

表 10-4　MNL、RPL 和 LC 模型参数估计结果

变量	MNL 模型	RPL 模型	LC 模型	
			第一层	第二层
			安置房偏好者	拆迁厌恶者
货币补偿	−0.06296*** (7.44)	−0.15581*** (−9.30)	−0.01543 (−1.33)	−0.20837*** (8.16)
产权置换	2.20548*** (11.86)	6.20051*** (10.19)	2.88127*** (9.12)	2.25636*** (6.44)
养老保险	0.43520*** (5.31)	1.17523*** (6.13)	1.43079*** (8.89)	−0.33715** (−2.03)
分享集体经济收益	0.02284 (0.10)	0.90553** (2.51)	−0.19078 (−0.48)	−1.19656*** (−2.60)
就业安置	0.18006** (2.12)	0.57440*** (3.95)	0.06978 (0.39)	1.18598*** (4.54)

续　表

变量		MNL 模型	RPL 模型	LC 模型	
				第一层	第二层
				安置房偏好者	拆迁厌恶者
透明性		−0.22436 (−1.54)	−0.48860** (−2.15)	−0.31153 (−1.08)	−1.24611*** (−4.91)
公平性		−0.27341** (−2.02)	−0.48521** (−2.29)	−0.11527 (−0.59)	0.79892** (2.37)
常数项	ASC_C1 (Nonrandom)	−0.46375 (−1.07)	−2.20940*** (−3.19)	−0.57546 (−0.77)	−1.08385 (−1.08)
	ASC_C2 (Nonrandom)	−1.13566*** (−3.12)	−3.30932*** (−5.49)	−1.62323*** (−3.03)	−3.50308*** (−3.30)
分层概率				0.60256*** (20.33)	0.39744*** (13.41)
Log likelihood		−1537.95021	−1517.01993	−1333.89874	
AIC/N		1.386	1.144	1.212	

注：①括号里数值为 z 值，*，**，***分别表示系数在 10％，5％，1％水平下显著。
②ASC_C1 和 ASC_C2 代表特定方案的常量，是受访者分别选择方案 A 和 B 的仿真值，无实际意义。

潜在分层(LC)模型的对数似然值为−1334，回归结果总体显著。通过RPL 模型所显示的偏好异质性在 LC 模型中不同分层的居民中得到印证，2个层次的被访者在偏好上表现出显著差异。60.3％的受访者被分在第一层，其产权置换系数最大，说明提供安置房是提高大部分被拆迁户效用最有效的方式，这与实际情况相符，大部分被试在受访时表示"提供安置房是接受拆迁的基础"；39.7％的受访者被分到第二层，该层最明显的特征是货币补偿、养老保险、分享集体经济收益及透明性政策的系数为负，说明拆迁会降低被试者的效用水平，是拆迁厌恶者。

二、对拆迁补偿方案的价格评估及方案价值核算

对以上三种模型的参数估计并不能提供经济意义上的信息，因此需要

通过参数值来计算被试对拆迁补偿政策的估值,即补偿政策不包含该项,为了维持被拆迁户的效用水平,政府需要补偿被试的货币数量。通过式(10-6)计算出的被试对拆迁补偿方案的估值如表10-5所示。

MNL及RPL模型取得了较为一致的结果,以RPL模型为例,估值最高的政策为安置房,若政府不能提供安置房,需要额外支付39.8万元才能补偿被拆迁户的效用损失。其次,养老保险、分享集体经济收益和就业安置政策的估值分别为7.54万元、5.81万元及3.69万元,低于安置房的估值。最后,政策公平性与透明性的支付意愿为负值,具体机理上文已做分析,不再赘述。LC模型中,对不同层次的被拆迁户的政策估值进行计算,反映出不同层次被拆迁户偏好上的差异:安置房偏好者(第一层)对产权置换的估值达到186.73万元,远高于当地农村房屋价值,养老保险和就业安置政策的估值分别为92.73万元、4.52万元,分享集体经济收益的估值为—12.36万元,说明安置房偏好者对集体经济收益持怀疑态度;LC模型的第二层,其政策估值最高的仍为安置房,但仅为10.83万元,显著低于第一层和全样本(RPL)的数值,综合其他政策估值可发现第二层被试表现出补偿政策估值低、甚至为负值的特征,这就造成组合方案的综合效用值极易变为负值,暗示人们会拒绝大部分拆迁补偿方案,是"钉子户"的潜在人群。

表 10-5　各拆迁补偿政策的估值

属性	MNL 模型	RPL 模型	LC 模型	
			第一层	第二层
产权置换	35.03	39.80	186.73	10.83
养老保险	6.91	7.54	92.73	—1.618
分享集体经济	0.36	5.81	—12.36	—5.74
就业安置	2.86	3.69	4.52	5.69
透明性	—3.56	—3.14	—3.16	—5.98
公平性	—4.34	—3.11	—7.47	3.83

进一步,本章根据式(10-7)计算被试对14个备选方案相对于基准现状

（不拆迁）的福利变化情况，并按照 RPL 模型的计算结果排序，如表 10-6 所示。MNL 模型和 RPL 模型取得了较为一致的结果：首先，方案 1 是 14 个备选方案中的最优方案，其估值为 39.5 万元，受访者期待获得包含养老保险、安置房、分享集体经济收益及就业安置的多元组合政策；其次，估值最低的 3 个方案（方案 12、方案 13、方案 14）均呈现出补偿金额高、补偿方式单一的特点，这从反面论证了拆迁方案多元化对提高被拆迁户效用水平的积极作用；最后，提供安置房的方案（方案 1－7）估值全部超过未提供安置房的方案（方案 8－14）估值，且未提供拆迁安置房的方案仅有方案 8 估值为正，可见，被拆迁户会拒绝大多数未提供拆迁安置房的方案。

　　LC 模型显示：在第一层被试中，方案 1 是 14 个备选方案中的最优方案，其估值为 251.58 万元，表明安置房偏好者同样期望获得包含养老保险、安置房、分享集体经济收益及就业安置的多元组合政策；拆迁厌恶者（第二层）仅接受方案 1 和方案 6，说明如果要达到厌恶拆迁人群的拆迁要求，就需要提供充分的长期补偿，对被拆迁户的生活提供长期保障。

表 10-6　不同备选方案相对于基准现状的价值（按照 RPL 结果排序）

方案	货币补偿	产权置换	养老保险	集体收益	就业安置	透明性	公平性	MNL模型	RPL模型	LC 模型 第一层	LC 模型 第二层
0	0	0	0	0	0	0	0	0	0	0	0
1	10	1	1	1	1	0	1	33.45	39.55	251.58	7.79
2	30	1	1	1	0	1	1	27.03	32.72	243.90	−3.88
3	20	1	0	1	0	0	0	28.02	31.43	161.80	−0.11
4	20	1	1	0	0	1	0	31.01	30.02	239.01	−1.97
5	40	1	1	1	0	0	0	26.76	29.79	178.78	−1.91
6	10	1	0	1	1	1	1	22.62	23.06	143.33	9.17
7	30	1	0	0	0	0	1	12.65	15.45	74.06	−2.51
8	30	0	1	1	0	0	0	2.76	2.86	72.32	−6.87
9	10	0	1	1	0	1	0	−3.66	−3.97	64.64	−18.54
10	20	0	0	1	1	1	1	−12.05	−10.93	−31.04	−7.40

续　表

方案	货币补偿	产权置换	养老保险	集体收益	就业安置	透明性	公平性	MNL模型	RPL模型	LC模型	
										第一层	第二层
11	20	0	1	0	1	0	1	−12.61	−13.12	−15.42	−8.91
12	40	0	0	1	0	0	1	−22.02	−18.54	−100.31	−18.72
13	40	0	1	0	0	1	1	−19.03	−19.95	−23.10	−20.58
14	30	0	0	0	1	1	0	−18.74	−20.69	−103.84	−17.10

注:①方案 0 即"维持现状"选项,受访者选择备选方案"不拆迁"。
②方案价值为负说明补偿方案所提供的效用值低于维持现状方案。

第五节　小　结

本章利用选择实验法分析我国农民对不同拆迁补偿政策的偏好及估值,为政府制定拆迁补偿政策奠定了理论基础。RPL 模型显示农户对安置房政策的估值最高,为 39.8 万元,养老保险、分享集体经济收益和就业安置属性的估值分别为 7.54 万元、5.81 万元及 3.69 万元。此外,农户对政策透明性和公平性的估值为负,反映了农户对拆迁过程公平性、透明性的更高要求。LC 模型将被试分为两个层次,60.3%的受访者位于第一层,对安置房的估值达到 186.73 万元,远高于正常房屋价值;39.7%的受访者位于第二层,并呈现出属性支付意愿低,甚至为负值的特点,暗示被试会拒绝大部分拆迁补偿方案,是拆迁厌恶者。

其政策含义是:农户对实物安置房补偿政策的偏好和估值较高,因此在土地流转和拆迁补偿安置政策中应以产权置换为基础,提供拆迁安置房;采取多元化权益类补偿政策,综合运用就业安置、提供养老保险,分享集体经济收益等政策保障被拆迁户的生存发展权,多渠道提高拆迁户的获得感;提高拆迁补偿政策执行的透明度和公平性,使拆迁补偿政策的福利效果最大化。

第十一章　地权安全性的资源配置效应：土地和劳动力配置视角

出于对公平的诉求，我国家庭联产承包责任制实行土地均分制度，人多地少的现状导致家庭土地承包数量偏小，远远未能达到充分调动家庭劳动力并实现适度规模经营的标准。同时，为了兼顾土地肥力与地块位置的差异，土地分配时需要实行好坏搭配、远近搭配的政策，这进一步加剧了土地的细碎化。土地细碎化阻碍了农业专业化、机械化的推进，造成农业生产的技术水平、机械设备的运用停留在落后状态，不利于农村土地资源、劳动力资源利用效率的提高（杨金阳等，2016）。在此背景下，部分学者认为我国农村地区应在稳定家庭承包经营的基础上，提高地权安全性，建立和完善"自愿、依法、有偿"的土地流转机制，推进农业适度规模化经营以解决土地细碎化问题，提高土地资源的配置效率（何春兰，2012）。胡新艳等（2014）指出，农地配置效率取决于农地价值属性、主体行为能力与产权权能配置三者的匹配程度，将农地不同的权能赋予具有恰当行为能力的人，就能够增进资源利用效率。因此，建立地权安全性、农户的土地经营效率及农地流转行为之间的关系，是检验产权制度对农地资源配置的重要途径。

同土地资源相对应，劳动力资源是我国农村家庭拥有的另一主要生产资料，据中国科学院中国现代化研究中心预测，在2008—2050年期间，我国从事农业生产的劳动力占比将从40％下降到3％左右，从事农业生产的劳动力数量将从3.1亿下降到0.31亿左右（何传启，2012）。可见，2008—2050年间，我国需要转移的农业生产力数量大约为2.8亿人。如何解放农村剩余劳动力,使其转移到非农就业领域,是未来几十年我国农村地区所面临的重要课题。刘晓宇和张林秀(2008)指出,农业生产最基本的要素包括土地、劳动力、资本和技术,在这些要素数量短时间内无法改变的情况下,制度设计与社会经济发展,例如产权制度安排、劳动力市场发育等,都会对资源利用方式和生产效率产生一定的影响。探究地权与劳动力转移之间的关系是学术界的热点问题,一般认为,农地产权具有劳动力转移成本降低效应、稳定预期效应等功能,能够促进农村劳动力转移(刘晓宇和张林秀,2008),但仍有部分学者认为,农地产权的强化能够提高土地经营效率,不利于劳动力的非农转移(杨金阳等,2016),可见,地权安全性与劳动力转移之间的关系仍未得到一致结论,需进一步探讨。

第一节　理论探讨

由第八章理论模型的分析可知,地权安全性能够促进农地经营权向高效农户集中,从而实现农村土地配置效率的提高。得出这样的结论有一个隐含的前提,那就是农户之间可以自由流转土地。我国长期以来实行以土地均包为主要特征的农村集体产权制度,农地产权的初始分配是按人口均分的,所以农地整体配置格局的改变,必须通过土地流转市场发挥作用,使土地资源在土地经营效率不同的农户之间重新分配。王春超(2011)认为,农地产权制度对不同土地经营效率的农户产生差异化影响的本质原因在于农地资源与其他经济要素之间的组合,以实现土地资源的最优化和可持续利用。姚洋(2000)认为,农地流转会产生边际产出拉平效应,促使土地边际产出较小的农户将土地租让给土地边际产出较高的农户,在边际报酬递减规律的支配下,两者的边际产出趋于相等。可见,自由市场中"看不见的手"会引导土地资源向高效农户集中。然而在实践中,农地流转面临着巨大的交易成本,在农地市场价值较低的背景下,市场机制无法发挥资源配置的作用。农地产权的增强能够降低农地流转的交易成本,使市场机制重新发挥资源配置的作用。此外,地权安全性能够在一定程度上对农地流向产生影响,在地权稳定性差的条件下,将土地转出给农业大户或农村合作社,使农户面临较高的失地风险,风险规避的行为倾向使转出户主动缩小交易对象的社会范围,将土地以极低的价格转让给劳动能力低下的亲邻、朋友,而对外来农业大户的租赁需求持消极态度,最终导致农地流向低效农户,造成村庄层面的农地配置效率逐渐下降;在地权安全性较强的情况下,农户享有合法的承包主体权限、明确的土地承包期,农地流转风险下降,农户更容易将土地租给支付意愿水平更高的农业大户。可见,地权安全性一方面能够降低交易费用,促进市场机制发挥资源配置效应,另一方面能对农地流转市场中的土地流向产生一定作用,影响农村土地的资源配置效率。

地权安全性对劳动力资源的配置呈现出与农地资源配置不同的一面,地权安全性不仅能够通过促进农地流转改变人地关系,进而推动农村劳动力的非农转移,还能通过改变农户预期而对劳动力非农转移产生直接的影响。一方面,地权安全性能够降低交易费用,使低效农户产生土地转出行为,释放固定在土地上的剩余劳动力,投入到边际产出较高的非农就业领域,同时地权安全性能够促进高效农户产生土地转入行为,扩大农业生产规模,可见,地权安全性能够促进农户家庭将劳动力投入到边际产出较高的就业领域,实现劳动力资源配置效率的提高。在上述过程中,农地流转行为起到了中介作用,即地权安全性通过影响农户的土地流转行为而最终对劳动力的配置产生影响。另一方面,地权安全性会对劳动力配置产生直接的影响:第一,土地产权的安全性稳定了农户预期,增加了农户长期的土地投资,例如增加机械设备或修建小型水利设施,这些设备的运用对农业劳动力形成了替代,解放了固定在土地上的农村劳动力,使其进入非农生产领域;第二,土地产权不稳定,农户产生强烈的土地调整预期,长期外出打工的农民会承受更大的失地或换地风险,因而使农村劳动力转移呈现出"候鸟式"特征,不利于劳动力的长期转移。可见,地权安全性一方面能够通过土地流转行为对劳动力的配置产生影响,另一方面能直接对劳动力配置产生作用。

第二节　调研和数据

一、问卷设计与试访

调查问卷主要包括四部分内容：基本信息、家庭土地基本情况、土地产权认知、土地利用情况。问卷内容详见附录二。

我们选取山东省和浙江省作为研究范围，并于 2016 年 9 月份对山东省进行实地问卷调查，于 2017 年 1 月对浙江省进行实地问卷调查。

2016 年 9 月，我们先对山东省进行了问卷调查，根据经济水平和农业发展水平差异，选取山东省日照市、临沂市两个地级市，并随机选择小湖村、王东山村、金龙河村、双合村等 12 个自然村进行调研，每个自然村随机走访 20～50 个农户家庭。本次调研共发放问卷 390 份，回收有效问卷 373 份，问卷回收率为 95.6％。2017 年 1 月，我们对浙江省农户展开调查，选择浙江省样本点时选择了经济发展水平较高的杭州市以及金华市。由于杭州市具有较高城镇化的水平，故调研团队选择了"城乡接合"地区的睦桥村、五星村等 6 个村庄。金华市选择了上卢、六石等 6 个自然村，本次调研共发放问卷 270 份，回收有效问卷 256 份，回收率为 94.8％。

第三节　地权安全性对农地资源的配置效应：实证检验

一、研究方法

地权安全性对农地资源配置的检验，被解释变量和解释变量见表 11-1。

（一）被解释变量的确定

农户流转行为决策分为两个阶段，第一阶段决定是否转出（或转入）农地经营权，第二阶段决定转出（或转入）农地的数量。因此，被解释变量为是否有农地转出（二分变量），是否有农地转入（二分变量），农地转出数量（亩），农地转入数量（亩）。

表 11-1 变量说明

变量	说明	均值	标准差
被解释变量			
是否有土地转出	1＝有,0＝无	0.41	0.49
是否有土地转入	1＝有,0＝无	0.24	0.43
土地转出面积	亩	0.64	1.34
土地转入面积	亩	0.33	1.49
地权安全性变量			
是否有土地证	1＝有,0＝无	0.31	0.46
土地流转风险认知	1＝很小,2＝有一些,3＝很大	2.25	0.65
10 年内土地调整次数	1＝无,2＝1 次,3＝2 次,4＝3 次,5＝4 次及以上	1.97	1.13
控制变量			
农户土地经营效率	1＝低,1＝中等,3＝高	1.77	0.92
土地财产功能认知	1＝知道,0＝不知道	0.21	0.41
对土地自由买卖的态度	1＝赞同,2＝有点不赞同,3＝不赞同	1.50	0.68
户主年龄	岁	46.50	14.40
户主学历	1＝小学及以下,2＝初中,3＝高中,4＝大学,5＝研究生及以上	2.18	1.04
户主婚姻状况	1＝有偶,0＝无偶	0.88	0.36
家庭成员是否有非农就业	1＝是,0＝否	0.57	0.50
家庭人口数	1＝无,2＝1 人,3＝2 人,4＝3 人,5＝4 人及以上	3.83	1.07
农业收入占比	农业年收入与年收入比值(%)	0.25	0.33
家中是否有人外出打工	1＝有,0＝无	0.53	0.50
是否购买养老保险	1＝是,0＝否	0.79	0.41
是否有城市工作居住计划	1＝有,0＝无	0.27	0.45

(二)解释变量的确定

我们从法律制度层面、事实层面、农户认知层面三个角度来选择地权安全性指标。第一,法律制度层面选取是否拥有土地承包经营权证作为指标,土地证是用益物权凭证,能够明确土地经营权的主体归属、土地四至及土地承包期,是否拥有土地证是衡量地权保障性的关键指标(缪祥露,2011)。陈明等(2014)指出,土地承包经营权证能稳定农户预期,减少交易费用,促进农户转出已抛荒的土地,提高农户发生土地转出行为的比率。第二,事实层面选取 10 年内土地调整次数作为指标,10 年内土地调整次数是反映地权持有时间的重要指标,土地调整次数的增加会加剧地权的不稳定程度,使土地流转双方预期到高昂的谈判费用和合同管理费用,在农地市场价值低下的背景下,农户产生消极的土地流转行为(韩冰华,2005)。土地流转风险预期是反映地权安全性的主观指标。第三,农户认知层面选择土地流转风险认知作为指标,土地流转风险预期使农户对当地土地流转市场的完善程度、政府对地权的保障力度等方面的综合考量,徐美银等(2012)通过研究发现,农户是具有风险规避特征的理性决策者,风险预期增大会抑制农地流转,使农户产生消极的流转行为。

(三)控制变量的选取

除了地权安全性指标之外,农户是否发生土地流转行为及土地流转面积还受到其他因素的影响,结合现有文献,我们选取产权认知变量、户主特征变量及农户家庭特征变量作为控制变量。

1.产权认知变量

产权认知是在当地产权制度的基础上,在学习效应、异质性心理特征的共同作用下,农户对土地产权制度的理解和认知。刘骏和杨莹莹(2014)指出,农户对农地产权制度的主观认知带来的行为偏差,也是其行为选择的主要影响因素。可见,农户的产权认知会对农地流转行为产生影响。本文首先选取土地财产功能认知指标,并预期知晓承包地抵押政策的农户会产生积极的土地流入意愿,这是因为承包地抵押政策可为扩大农业生产的农户拓宽融资渠道,解决初始投资的资金难题。其次,本文选取农户对土地自由买卖(土地承包权、使用权永久交易)的态度作为重要控制变量。

2. 户主特征变量

包括户主的年龄、学历及婚姻状况,户主特征能够表达农户家庭的农业经营能力、非农就业能力等信息,影响农户的土地流转行为。例如,年龄较小、受教育程度较高的农户通常具有较强的非农就业技能或学习能力,对农业经营的依赖程度较低,同时,社会环境对农业经营的歧视导致年轻农户对摆脱农业生产有更显著的偏好。此外,本章将农户的土地经营效率作为重要的控制变量,自由市场会引导农地流向高效利用土地的农户,实现社会经济效率的提高,可见,土地经营方式差异所导致的土地经营效率差别是影响农地流转的重要因素。本章综合以下四点来甄别农户的土地经营效率:"是否施用农家肥?土地利用是否以种植经济作物为主?是否打算增加经济作物种植比例?是否打算添加农机设备或农业设施?"定义符合上述第三、四项的农户为土地经营效率较高的高效农户,符合上述第二项的农户为土地经营效率一般的普通农户,符合第一项的为土地经营效率较低的低效农户。

3. 家庭特征变量

包括家庭人口数、农业收入占比、家庭成员是否有非农就业、是否外出务工、是否购买养老保险及是否有城市工作居住计划。家庭特征能够反映农户对农业收入的依赖程度,一般情况下,家庭农业收入占比低、具有非农职业、有家庭成员外出打工的家庭对农业收入的依赖程度低,农户易于转出土地(陈昱等,2011)。此外,赵光,李放(2012)指出,农地保障与农村社会保障具有关联性和互补性,健全、完善的农村社会保障制度能够弱化农民对土地的依赖,促进农村土地的流转。因此,家庭成员购买养老保险可减轻农户家庭对土地保障功能的依赖,促使农户转出土地。

为了验证地权安全性对土地资源的配置效应,本章将样本按照土地经营效率进行分类,分别进行回归,并观察不同组别的地权安全性指标的系数是否发生显著变化,以此来判断地权安全性能否对土地经营效率不同农户的土地流转行为产生差异化作用,从而对土地资源产生配置作用。按照上述思路，本章将农户样本按照土地经营效率分为低效农户、普通农户、高效农户三类，分别进行回归（是否产生农地流转行为的回归使用 Probit 模型，农地流转面积的回归使用 Tobit 模型）。对于农地转出行为，我们期待地权安全性能够对低效农户产生更大更显著的正向影响，从而证明地权安全性能够促进低效农户减少或退出农业生产；对于土地转入行为，我们期待地权安全性能够对高效农户产生更大更显著的正向影响，从而证明地权安全性能够促进高效农户扩大农业生产规模，以实现土地资源配置效率的提高。

二、检验结果及对结果的讨论

地权安全性与农地转出行为的分组估计结果如表 11-2 所示，我们期待地权安全性能够对低效农户的土地转出行为产生更加显著地影响，从而证明地权安全性使低效农户更愿意将土地转出而减少或退出农业生产，产生土地资源配置效应。从 Probit 模型来看，土地证的估计结果印证了上述观点，对于低效农户来说，拥有土地证使农户发生土地转出行为的概率提高 31.7%，且在 1% 的置信水平下显著；而对于高效农户组别，拥有土地证仅将概率提高 18.4%，且仅通过了 5% 水平下的显著性检验。Tobit 模型的拟合结果进一步证实了上述观点，对于低效农户，拥有土地证可使土地转出面积提高 1.455 亩（通过了 1% 显著性水平检验）；而对于高效农户，土地证的效应既小又不显著。土地流转风险的分组回归结果未能呈现出上述规律，Probit 模型和 Tobit 模型的结果均显示，土地流转风险对高效农户产生更大更显著的抑制作用，可能的原因是高效农户（有土地生产投资经历）对失去农地产生更强烈的厌恶情绪，所以土地流转风险对高效农户表现出更显著的抑制作用。最后，土地调整次数对不同土地经营效率的农户产生完全不同的影响：Probit 模型显示，对低效农户，土地调整次数的系数为负，说明土地调整次数的增加阻碍了低效农户转出土地，对于高效农户组别，土地调整次数系数为正，且通过了 5% 显著性检验，说明土地调整会促进高效农户转出土地，这也印证了上文的猜想，即土地产权的不稳定导致农户面临较高的投资回报风险，使高效农户决定放弃农业生产，产生土地转出意愿；Tobit 模型也证实了上述观点,土地调整次数增加减少了低效农户的土地转出面积,同时增加了高效农户的土地转出面积。

表 11-2 土地转出行为与地权安全性:按土地经营效率分组回归

变量	土地转出行为(probit 模型)		土地转出面积/亩(Tobit 模型)	
	低效农户	高效农户	低效农户	高效农户
是否有土地证	0.317*** (0.059)	0.184** (0.083)	1.455** (0.573)	0.641 (0.786)
土地流转风险认知	−0.075* (0.040)	−0.153*** (0.054)	−0.646* (0.347)	−1.304*** (0.492)
土地调整次数	−0.011 (0.024)	0.069** (0.031)	−0.512** (0.217)	0.227 (0.301)
土地财产功能认知	0.026 (0.069)	−0.057 (0.084)	0.389 (0.584)	0.073 (0.731)
土地自由买卖态度	0.0111 (0.038)	0.048 (0.055)	−0.135 (0.3402)	0.106 (0.471)
拆迁预期	0.049 (0.061)	0.052 (0.075)	0.543 (0.537)	−0.720 (0.658)
户主年龄	0.002 (0.002)	0.011*** (0.083)	0.019 (0.020)	0.071** (0.032)
户主学历	−0.073** (0.033)	0.051 (0.041)	−0.283 (0.291)	−0.364 (0.350)
户主婚姻状况	−0.225*** (0.076)	−0.170 (0.110)	−1.952*** (0.646)	−0.658 (0.913)
家庭人口数	0.043 (0.030)	−0.047 (0.042)	0.678*** (0.260)	0.609 (0.380)
是否有非农就业	0.171*** (0.059)	−0.067 (0.073)	0.968* (0.540)	0.637 (0.680)
农业收入占比	0.218*** (0.080)	−0.249** (0.118)	1.199* (0.674)	−0.898 (1.150)
家中是否有人外出打工	0.096* (0.050)	0.043 (0.070)	0.620 (0.438)	−0.586 (0.643)
是否购买养老保险	0.050 (0.064)	0.026 (0.115)	0.832 (0.558)	−0.640 (0.959)

变量	土地转出行为(probit 模型)		土地转出面积/亩(Tobit 模型)	
	低效农户	高效农户	低效农户	高效农户
是否有城市工作居住计划	0.070 (0.069)	0.175* (0.098)	0.419 (0.583)	0.891 (0.843)
临沂	0.005 (0.088)	−0.138 (0.087)	0.929 (0.784)	−2.424** (1.056)
金华	−0.050 (0.085)	−0.046 (0.131)	−0.757 (0.800)	−0.086 (1.179)
杭州	−0.075 (0.094)	−0.043 (0.114)	0.296 (0.864)	0.508 (1.001)
观测数量	353	210	353	210
Prob＞chi2	0.0000	0.0001	0.0000	0.0001

注:①表格报告的是 Probit 模型的边际效应(Average Marginal Effect),常量的边际效应无实际意义,故省略。
②括号内报告的是标准误。
③按照土地经营效率的分类标准,普通农户仅有 66 个观测样本,拟合效果较差,故未报告普通农户结果。

　　土地转入行为与地权安全性的分组估计结果如表 11-3 所示,我们期待地权安全性对高效农户的土地转入行为产生更加显著地影响,从而证明地权安全性能够使高效农户更愿意转入土地而增加农业生产,优化土地资源配置。土地证的估计结果证实了上述猜想:对于高效农户来说,拥有土地证使农户发生土地转入行为的概率提高 25.1%,转入面积增加 3.82 亩,且均在 1% 的置信水平下显著;而对于低效农户来说,拥有土地证使农户发生转入行为的概率提高 10.1%,土地转入面积增加 2.362 亩,且仅通过了 5% 水平下的显著性检验,说明土地证能够促进高效农户转入更多数量的土地,有利于资源配置效率的提高。土地流转风险认知也能得到类似结论,对于高效农户组别,农户对土地流转风险的认知每高一个等级,农户产生土地转入行为的概率减少 18.7%,土地转入面积减少 2.97 亩(均通过了 1% 水平下的显著性检验);而对于低效农户组别,流转风险的主观认知每高一个级别,发生土地转入行为的概率减少 5.3%(10% 水平下显著),土地转入面积未通过显著性检验。土地调整次数的回归结果同预期不符,Tobit 模型显示高效农户组别的土地调整次数的系数为 0.830,通过了 10% 水平下的显著性检验,而低效农户组别的系数为 0.844,通过了 5% 显著性水平检验,说明土地调整对低效农户有更显著地促进作用。可能的解释是,土地调整一方面会产生投资风险效应与交易费用效应,对农户转入土地产生抑制作用;另一方面,土地调整弱化了产权强度进而降低了土地的市场价格,价格效应会对农户的土地转入行为产生促进作用。可见,农地调整对土地转入行为的影响取决于两方面的综合作用。显然,同低效农户相比,投资风险效应对高效农户具有更大的抑制作用,这在一定程度上弱化了价格效应的促进作用,从而造成高效农户组别的土地调整的系数小且显著性差。

表 11-3　土地转入行为与地权安全性:按土地经营效率分组回归

变量	土地转入行为(probit 模型)		土地转入面积/亩(Tobit 模型)	
	低效农户	高效农户	低效农户	高效农户
是否有土地证	0.108* (0.055)	0.251*** (0.073)	2.362** (1.138)	3.820*** (1.193)
土地流转风险认知	−0.053* (0.031)	−0.187*** (0.050)	0.276 (0.679)	−2.970*** (0.844)
土地调整次数	−0.035* (0.020)	0.024 (0.029)	0.844** (0.379)	0.830* (0.450)
土地财产功能认知	−0.145** (0.067)	−0.072 (0.079)	−1.475 (1.221)	1.310 (1.175)
土地自由买卖态度	0.027 (0.031)	0.047 (0.049)	0.678 (0.639)	0.343 (0.762)
拆迁预期	0.090* (0.051)	0.112* (0.067)	0.492 (0.940)	1.994* (1.068)
户主年龄	−0.001 (0.002)	−0.0001 (0.003)	−0.026 (0.041)	−0.015 (0.052)
户主学历	−0.028 (0.027)	0.006 (0.040)	−0.585 (0.577)	−0.076 (0.624)
户主婚姻状况	−0.079 (0.055)	0.063 (0.100)	0.155 (1.104)	−0.338 (1.522)

变量	土地转入行为（probit 模型）		土地转入面积/亩（Tobit 模型）	
	低效农户	高效农户	低效农户	高效农户
家庭人口数	−0.009 (0.024)	−0.055 (0.038)	−0.823 (0.591)	−1.380* (0.728)
是否有非农就业	0.155*** (0.051)	−0.026 (0.067)	2.963** (1.140)	1.522 (1.149)
农业收入占比	0.133** (0.063)	0.097 (0.110)	2.903*** (1.083)	4.835** (1.928)
家中有人外出打工	0.075* (0.041)	−0.115* (0.062)	1.402 (0.863)	−0.489 (1.011)
是否购买养老保险	−0.049 (0.049)	−0.005 (0.108)	−1.420 (0.970)	0.593 (1.700)
城市工作居住计划	−0.061 (0.059)	0.172* (0.096)	−1.579 (1.156)	−0.427 (1.519)
临沂	0.128 (0.085)	−0.238*** (0.075)	−0.395 (1.791)	−3.369** (1.555)
金华	−0.021 (0.067)	−0.365*** (0.070)	3.743** (1.589)	−3.140 (1.999)
杭州	0.053 (0.086)	−0.046 (0.109)	4.818*** (1.808)	2.451 (1.536)
观测数量	353	210	353	210
Prob＞chi2	0.0004	0.0000	0.0000	0.0000

第四节　地权安全性对劳动力资源的配置效应：实证检验

一、变量选择与说明

（一）被解释变量

本文的被解释变量是农户家庭的非农就业情况，但如何去测度农户家庭的非农就业情况，学界并没有形成定论。既往研究通常选择农户家庭是否有成员从事非农就业(Feng 等,2010)、非农就业工作机会(朱喜等,2010)、家庭非农就业人员数量(黄忠华等,2013)、非农就业时间(Yang 等,2016)、非农收入占家庭总收入比例(李明艳等,2010,Mathenge 等,2015)等变量衡量农户家庭的非农就业情况。本章采用"外出务工人数占家庭总劳动力之比"来表示家庭非农就业情况,简称为非农劳动力占比(Off-farm)。

(二)解释变量的选取

本章验证的是地权安全性对劳动力资源的配置效应,因此解释变量为反映地权安全性的指标,武剑(2009)指出,地权安全性的具体含义包括地权的保证性,持有时间及地权权利强度三个方面。在第四章中,本文选择了是否有土地承包经营权证、土地调整次数及土地流转风险认知作为反映地权安全性的主要指标,为了避免研究的复杂化,参照现有文献,本章选取 10 年内土地调整次数作为主要解释变量。土地调整次数反映了农地承包关系的稳定性,不仅能够影响农地流转的交易费用,还对农户的长期投资行为产生影响,是衡量地权安全性的重要指标。

(三)中介变量的选取

由理论分析可知,地权安全性会通过影响农户的土地流转行为而改变人地关系,影响农户产生劳动力非农转移的行为,即土地流转行为会作为中介变量发挥作用。土地流转行为分为"是否发生土地流转"及"土地流转数量"两个方面,从计量的角度出发,两者分别为二分变量和连续变量,若中介变量为二分变量,则直接效应的检验需要用 Logit 或 Probit 模型进行拟合,发生了量纲的变化,在因变量为连续变量的情况下,直接中介效应和间接中介效应检验的量尺不同,会造成检验结果不准确。基于上述考虑,本文选择土地流转数量作为中介变量。当然,流转数量分为转入数量和转出数量,本章将分别进行检验。

(四)控制变量的选取

根据相关文献,我们选择包括户主和家庭特征等的 6 个变量。其中户主特征变量主要包括年龄、受教育程度、婚姻状况 3 个变量,家庭特征变量包括家庭年收入、是否有家庭成员购买养老保险及是否有城镇工作需求 3 个变量。

二、研究方法

为验证农地流转是否为地权安全性影响劳动力非农转移的中介变量，我们首先将样本按照土地经营效率进行分组，对高效农户组别，我们将农地转入面积作为中介变量。本章检验地权安全性对非农劳动力转移的直接效应，从而确定地权安全性对高效农户家庭非农转移的作用路径。对低效农户组别，我们将农地转出面积作为中介变量，预期地权安全性增强能促进低效农户转出更多土地，并增加农户劳动力转出比例。

对于中介效应的检验，参考中介效应方程来验证（温忠麟和叶宝娟，2014），构建以下 3 个方程来进行检验

$$\text{Off-farm} = c_1 \times \text{Landad} + c_i \times X_i + e_1 \tag{11-1}$$

$$\text{Landtransfer} = a_1 \times \text{Landad} + a_i \times X_i + e_2 \tag{11-2}$$

$$\text{Off-farm} = a_1' \times \text{Landad} + b \times \text{Landtransfer} + c_i' \times X_i + e_3 \tag{11-3}$$

式（11-1）分析的是解释变量——土地调整（Landad）对家庭非农劳动力占比（Off-farm）的影响，系数 c_1 为解释变量对因变量的总效应（Total Effect），X_i 为一组控制变量，e_i 为回归残差。式（11-2）分析的是土地调整对中介变量——土地流转行为（Landtransfer，包括转入和转出）的影响，系数 a_1 为土地调整次数对中介变量土地流转面积的效应。式（11-3）同时分析了中介变量和解释变量对因变量的影响，系数 a_1' 为控制中介变量的影响后，关键自变量对因变量的直接效应（Direct Effect）。

温忠麟和叶宝娟（2014）指出，Bootstrap 检验法是近年来检验中介效应的主要方法，比传统的逐步检验法和 Sobel 检验法更为有效。Bootstrap 法检验流程为：第一步，检验式（11-1）的系数 c_1，如果显著，按中介效应立论；否则按遮掩效应立论。第二步，依次检验式（11-2）的系数 a_1 和式（11-3）中的 b，如果两个系数都显著，则中介效应显著，转到第四步。如果至少有一个不显著，则进行第三步。第三步，用 Bootstrap 法直接检验 $H_0 : a_1 b = 0$。如果不

显著,则中介效应不显著;如果显著,则中介效应显著,进行第四步。第四步,检验式(11-3)中的系数 a_1' 的显著性。如果显著,即直接效应显著,若不显著,说明只有中介效应。

三、实证结果分析

运用 SPSS 19.0 Process 程序对式(11-1)、式(11-2)、式(11-3)进行分析,低效农户组别的土地转出面积的中介效应检验结果如表 11-4 所示。式 11-1 显示,对于非农劳动力占比,土地调整次数系数显著,进入第二步,式 11-2 显示 a_1 不显著,式 11-3 显示土地转出面积系数不显著。第三步,用 Bootstrap 法直接检验 $H_0: a_1 b = 0$,设定 Bootstrap 抽样次数为 5000 次,结果显示 $a_1 b$ 不显著,说明中介效应不显著。式 11-3 结果显示土地调整次数通过了 1% 水平下的显著性检验,表明土地调整次数对非农劳动力占比具有显著的直接效应,符号为负表明土地频繁调整所导致的地权不稳定会抑制劳动力的非农转移。上述实验结果同刘晓宇和张林秀(2008)的研究结果一致。同预期相反的是,地权安全性通过促进农地转出而引起劳动力非农转移的假设并未得到验证,其原因是该传导机制的两个环节都存在巨大障碍。首先,土地调整次数减少未必会引起土地转出面积的增加,其次,土地转出面积的增加也未必会引起劳动力的非农转移,因为土地转出只是引起劳动力转移的推力因素,是否会引起劳动力转移还取决于拉力因素——非农就业市场工资率、非农就业风险等的作用,现有非农就业面临保障性差、就业风险大等问题。

表 11-4　农户土地转出面积中介效应检验:低效农户组别

变量	非农劳动力占比 (式 11-1)	土地转出面积 (式 11-2)	非农劳动力占比 (式 11-3)
土地转出面积	—	—	0.005(0.015)
土地调整次数	−0.059***(0.020)	−0.086(0.069)	−0.058***(0.020)

续　表

变量	非农劳动力占比 （式 11-1）	土地转出面积 （式 11-2）	非农劳动力占比 （式 11-3）
户主年龄	$-0.003^*(0.002)$	$-0.005(0.006)$	$-0.003^*(0.002)$
户主学历	$0.013(0.027)$	$-0.009(0.095)$	$0.013(0.027)$
户主婚姻状况	$0.144^{**}(0.059)$	$-0.612^{***}(0.210)$	$0.146^{**}(0.060)$
家庭年收入	$0.0001(0.0001)$	$0.001^{**}(0.000)$	$0.0001(0.0001)$
是否购买养老保险	$-0.009(0.054)$	$0.240(0.191)$	$-0.010(0.054)$
是否有城镇工作需求	$-0.202^{***}(0.056)$	$0.088(0.196)$	$-0.203^{***}(0.056)$
常量	$0.781^{***}(0.144)$	$1.445^{***}(0.509)$	$0.774^{***}(0.146)$
F 统计量	4.124^{***}	2.781^{***}	3.611^{***}
Direct Effect	$-0.058[-0.097,-0.020]$		
Indirect Effect	$-0.0004[-0.005,0.002]$		

注：①表格报告的是回归系数，括号内是标准误。
②直接效应和间接效应报告了 95％置信区间。
③***、**、*分别表示 $p<0.01,p<0.05,p<0.1$。

运用 SPSS 19.0 Process 程序运行公式，高效农户组别的土地转入面积中介效应检验结果如表 11-5 所示，标准中介效应检验步骤如下：第一步，式 11-1 显示土地调整次数未通过显著性检验（c_1 不显著），进入第二步，式 11-2 显示，土地调整次数对土地转入面积的影响未通过显著性检验（a_1 不显著），式 11-3 显示土地转入面积对非农劳动力占比的影响未通过显著性检验（b 不显著），进入第三步。第三步，利用 Bootstrap 法直接检验假设 H_0：$a_1b=0$，设定 Bootstrap 抽样次数为 5000 次，95％的置信区间为 $[-0.002,0.001]$，包括 0 值，说明中介效应不显著。式 11-3 显示土地调整次数不显著，直接效应 95％的置信区间为 $[-0.046,0.045]$，包含 0 值，说明直接效应不显著。虽然直接效应和间接效应均不显著，但我们仍能从系数的符号得到有益启示：土地调整的系数为负说明土地调整对非农劳动力转移会产生消极的影响，这是由于土地频繁调整会造成农户产生地权不稳定的预期，离地外出打工会使农户面临丧失土地的风险，高效农户产生风险规避的行为特征，继续从事农业生产活动,不利于劳动力的非农转移。

表 11-5　农户土地转入面积中介效应检验:高效农户组别

变量	非农劳动力占比 (式 11-1)	土地转入面积 (式 11-2)	非农劳动力占比 (式 11-3)
土地转入面积	—	—	0.023*(0.012)
土地调整次数	0.003(0.023)	0.181(0.140)	−0.001(0.023)
户主年龄	−0.007***(0.003)	0.000(0.016)	−0.007***(0.003)
户主学历	0.015(0.033)	0.027(0.197)	0.014(0.032)
户主婚姻状况	0.162*(0.087)	0.103(0.523)	0.160*(0.086)
家庭年收入	−0.002(0.002)	0.027*(0.015)	−0.002(0.002)
是否购买养老保险	0.219**(0.089)	0.025(0.539)	0.219**(0.089)
城镇工作居住计划	−0.058(0.080)	−0.173(0.485)	−0.054(0.080)
常量	0.537***(0.162)	−0.118(0.977)	0.539***(0.161)
F 统计量	2.845***	0.789	3.010***
Direct Effect	−0.001[−0.046,0.045]		
Indirect Effect	0.004[−0.005,0.016]		

第五节　小　结

本章检验了地权安全性对农地资源和劳动力资源的配置效应,理论模型表明,追求家庭收益最大化的农户,在土地流转市场中会自发地根据家庭土地经营效率产生土地流转行为,使农地集中到土地经营效率较高的农户手中,实现农地资源配置效率的提高。与此相对应的,农户会根据家庭土地经营效率对家庭劳动力进行配置,以实现农户家庭收益的最大化:低效农户产生积极的非农就业行为,而高效农户则将劳动力集中在农业生产。可见,追求家庭收益最大化的农户在"看不见的手"的引导下自发实现了对家庭资源的配置,并最终提高了农村土地资源、劳动力资源的配置效率。

土地转出行为的分组回归结果显示,衡量地权安全性的两个指标——

是否拥有土地证和土地流转风险认知，对地权的配置会产生不同的影响：土地证对低效农户的农地转出行为有更显著的影响，而土地流转风险对高效农户的土地转出行为有更显著的影响。一个猜想是，土地证和土地流转风险认知对农地转出行为产生的效应不同。土地流转风险认知是农户对土地流转市场完善程度的综合评价，反映了农户对土地交易费用的认知，由于高效农户产生了较大的前期投资，因此他们对失去土地更加敏感，最终造成土地流转风险引发的高交易费用会对高效农户产生更加显著的影响。土地证对土地转出的作用体现在两个方面，第一，土地证通过明确产权主体、地块信息产生交易费用效应，对高效农户的土地转出行为产生更加显著的正向影响；第二，土地证通过固定土地承包期而产生稳定预期效应，降低了农业生产面临的投资回报风险，对高效农户继续扩大投资规模产生激励作用，从而在一定程度上抑制了高效农户的土地转出行为。两方面的综合作用使土地证对低效农户的土地转出行为产生更加显著的影响。

　　本章的实证结果未能验证土地流转行为的中介作用，即未能验证"地权安全性－土地流转行为－劳动力非农转移"的作用路径，主要原因有两点，一是土地调整对土地流转行为的影响具有不确定性，具体机理第四章已作分析，二是土地流转行为并不能直接促进劳动力的非农就业，这与游和远、吴次芳（2010）的研究结论一致，他们认为农地流转对劳动力的转移的影响需要其他中间变量的作用，例如农村工业化的发展程度，农业机械投入的增加、农村社会保障等因素。可见，地权安全性所引发的农地转出只是引起农村劳动力发生非农转移的推力因素，拉力作用不足很有可能造成大量土地转出户出现滞农、留农现象，造成严重的社会问题。张安良（2012）通过对山东劳动力转移的研究发现，山东省尚有超过800万农村剩余劳动力需要转移，庞大的剩余劳动力滞留在农业无法完成非农转移。因此，推进劳动力的非农转移是系统工程，政府不仅要强化农地产权的安全性以扫除阻碍农地流转的制度障碍，更要积极发展农村工业化，提供大量的非农就业岗位，从推力和拉力两个方面同时促进劳动力的非农转移。

第四篇

结论与建议

第十二章　结论与政策建议

第一节　结　论

第一,目前国外土地制度改革与市场调控研究主要集中在发展中国家的土地确权和市场构建方面,而发达国家主要关注土地管制的扭曲效应及政策调整。研究基于各国制度背景和实践,为我国开展相关研究提供丰富的理论和经验借鉴。国内学者对农村集体建设用地流转及其对农民和城乡发展的影响做了大量研究,主要集中分析农村集体建设用地低效困境及制度根源、流转模式及增值收益分配、农户意愿及劳动力转移、改革的需求调研和政策建议。相关研究成果丰硕,但仍存在可进一步改进之处:第一,现有研究大多侧重从产权和制度层面来分析农村集体建设用地流转的顶层设计和底层探索,系统深入的微观调研和实证研究较少;第二,现有研究较多从宏观层面来探讨集体建设用地入市改革的路径和方向,关于入市改革的经济效应和微观机制研究较少,而这恰是当前各界关注的热点问题;第三,限于政策实施和数据搜集等原因,现有研究主要关注入市改革的潜在影响,入市改革的真实经济效应及其对不同主体发展影响的探析较少。

第二,浙江农户对土地的依赖性比较高,91.17%的受访农户表示农村土地和住房就是自己的根,无论发生什么都希望继续保留;进城意愿也不高,近79%的受访者表示不愿意卖掉农村的耕地和住房进城买房,但是有超过一半的受访者表示打算在城镇居住和工作;问卷调研显示浙江农户土地流转意愿普遍不高,只有 39.86％的农户进行了土地流转;对土地流转的政策认识也很不全面,关于中央出台的一系列土地流转政策,近 67％的受访农户都表示并不知道;对土地流转的产权意识多较薄弱,虽然超过 80％的农户都有房产权证或宅基地使用权证,但是在土地流转过程中具有土地承包经营权证的还不到一半;产权意识的薄弱及政策了解不全面导致农户对土地流转的风险认识产生偏差,进而影响了农户进行土地流转的意愿。

第三,浙江农户土地流转的主要形式是转让、转包,德清、义乌两个流转典型案例也是如此;流转途径主要是通过村集体组织和政府组织,占了 59.41％,通过完全自发进行土地流转的农户相对较少,而且,农户进行土地流转的对象也主要是村集体或合作社;在被问及要推进农村土地流转,需要做什么时,近 1/3 的受访农户表示需要政府的组织,其次是成功样板和城立交易市场,可见政府和村集体在农村土地流转过程中发现其重要的作用;若土地能够自由流转,近一半的受访农户表示愿意租出土地,只有 14.39％的受访农户表示愿意租入土地,说明浙江农户靠土地生活的越来越少,若政府积极引导,有利于提高浙江农户进行土地流转的意愿。

第四,家庭土地禀赋与产权情况、土地流转相关政策认知,生活感知等方面对农户土地流转行为产生显著影响。家庭土地禀赋越好,农户进行土地流转行为倾向较弱。农户对土地流转相关政策认知越全面,产权意识越高,其进行土地流转的行为也越强。进城意愿越高,养老保险越有保障的农户,其进行土地流转的行为倾向也越强。个体和家庭特征对农户土地流转行为倾向较不显著,可能部分表明农户在土地流转决策过程中存在羊群效应,易受周围群体和集体的影响比较大。

第五,农村居民点土地产权形式对农民的土地流转态度和迁移意愿有显著影响。拥有更多非农业发展机会的农民更有可能欢迎土地登记赋权。农村宅基地登记可以为农民提供有保障的产权,从而刺激农民进行交易,抵押农村宅基地,并向城市迁移。土地产权制度的完善和农村宅基地的可流转性将对农民的行为产生更广泛的影响。个人土地权属登记和土地可转让性的提高将有助于在土地权利一度受到限制的农村地区进行土地交易和抵押。土地可转让性还使农民能够减少对农业收入的依赖，并进行自筹资金的投资。改善土地流动性也增加了农村劳动力用于非农活动的数量。随着土地产权制度的完善，土地交易市场和抵押贷款融资将具有巨大的发展潜力。德索托效应预计将在中国出现。在明确的土地产权下发现土地价值，可以增加农民的财产性收入。此外，明晰的农村产权也有利于政府减少征地冲突，增加土地税收收入。

第六，土地产权安全性对土地流转有显著影响。土地产权安全性包含产权稳定性与产权保障性两个方面的内容，他们通过稳定收益预期效应、交易成本效应、交易价格效应、投资激励效应、资源配置效应五个方面对农户的土地流转意愿产生影响。安全、稳定的农村土地产权制度有助于农地的流转和集中，并促进农地资源的优化配置。土地调整次数、征地预期、土地流转风险预期对农户的土地流入、流出意愿均有显著的负向影响，土地承包经营权证对农户的土地流转意愿影响不显著，说明土地产权的稳定性能够提高农户的土地流转意愿，促进土地流转。这是因为：第一，土地承包经营权证、较低的农地流转风险稳定了农户预期并减少了土地流转过程中的不确定性风险，从而降低了交易费用，使农户参与土地流转的可能性和交易量显著上升。频繁的土地调整导致土地以低价流转，不利于流转规模的扩大及土地资源配置效率的提高。第二，地权安全性对土地流转的影响与农户的农业生产率水平密切相关，安全、稳定的地权能使农业生产率较低的农户更愿意转出土地而减少或退出农业生产，同时促进农业生产率较高的农户更愿意转入土地而扩大农业生产，实现土地资源配置效率的提高。

第七，追求家庭收益最大化的农户，在土地流转市场中会自发地根据家庭土地经营效率产生土地流转行为，使农地集中到土地经营效率较高的农户手中，实现农地资源配置效率的提高。与此相对应的，农户会根据家庭土地经营效率对家庭劳动力进行配置，以实现农户家庭收益的最大化：低效农户产生积极的非农就业行为，而高效农户则将劳动力集中在农业生产。可见，追求家庭收益最大化的农户在"看不见的手"的引导下自发实现了对家庭资源的配置，并最终提高了农村土地资源、劳动力资源的配置效率。

第二节　政策建议

一、改革土地产权制度,增强地权安全性

目前,土地流转的相关配套和法律保障还有待完善,这将加大土地流转的风险。确权是农村土地流转的基础和保障,政府应积极引导,对农户土地承包经营权证进行确权并颁发证书,这有利于增加农户的地权安全感,也有利于土地流转程序更加规范化,为农村土地流转提供法律保障。

增强地权安全性是促进农地流转,提高农地资源、劳动力资源配置效率的重要举措,为此,政府应从法律制度层面、事实层面及农户认知层面三个角度出发,强化地权安全性。法律制度层面,加速推进农地确权颁证工作,明确农地的产权边界;事实层面,稳定农地承包期,禁止行政性土地调整,稳定农户预期;农户认知层面,通过规范土地经营权流转市场、建立土地中介组织等举措稳定农户土地流转风险预期,提高农户的土地流转意愿。

二、积极稳妥有序推进农村土地流转工作

推进农村土地流转是促进农村土地规模经营,提升土地利用效率、增加农民收入和促进城镇化发展的重要路径。因此,应从统筹城乡发展的战略高度,高度重视农村土地流转工作。现阶段,农地的价值还不明显、各种利益矛盾还不突出,是建立和完善农村土地产权和权能的有利时机,应抓住这一有利时机为继续推进农村土地流转工作奠定基础。考虑到浙江省各地土地流转情况不一的情况,各地应该根据当地的实际情况,坚持先易后难、扎实推进农村土地流转工作。

三、积极培育土地流转市场

研究发现,农户土地流转过程中完全自发的行为很少,农村土地流转市场还不成熟,农户想流转土地难以有效找到需求方和市场,因此建立土地流

转市场十分重要。德清和义乌等地建立多级农村土地流转服务平台,方便了农户土地流转交易和手续,大大促进了农户土地流转进程。各部门机构应进一步完善和培育农村土地流转市场,合理引导各类农业企业和资本下乡,合理经营土地,为农村土地流转注入潜力和活力。此外,要发挥好农村土地流转的价格机制,让市场来自动调节农地流转的价格,更好地匹配农村土地流转的需求和供给。

此外,为进一步提高农村土地资源、劳动力资源的配置效应,我国政府应加大力度扶持家庭农场实现适度规模经营,并促进农户就业非农转移。

四、培养新型农业经营主体,提高土地配置效率

培育新型经营主体,促进土地向公司、合作社和农业大户转移,实现适度规模经营,提高土地配置效率。政府应充分发挥调控引导作用,出台多种配套政策加大对家庭农场的扶持,吸引土地经营效率高的农户扩大农业生产规模,支持和培育新型经营主体,探索建立合作化、产业化的经营方式,提高农业经营主体的多元化。充分发挥市场机制对土地资源配置的决定性作用,解决农地经营权流转市场信息不对称的问题,推进农业适度规模经营。鼓励和支持土地经营效率较高的农户更加积极地参与农地使用权流转市场,扩大农业生产规模,实现农地资源的优化配置。

五、促进农村土地流转与劳动力转移的良性互动

地权安全性的加强,一方面能促进土地向土地经营效率较高的农户手中集中,实现适度规模经营;另一方面,地权安全性能促进土地流转,促使被束缚在土地上的农村剩余劳动力最大限度地释放出来,为更多的农村剩余劳动力进行转移提供可能。此外,农村剩余劳动力转移后,社会身份和生活水平的提高所产生的示范效应,吸引着更多的农村剩余劳动力进行转移,从而促使农村土地流转朝常态化发展。政府应鼓励和促进农地流转与劳动力转移的良性互动,提高农村土地流转市场的活跃度来促进农村剩余劳动力的转移。政府应积极引导,吸引专业组织积极参与,为实现两者之间的良性

互动建立纽带。在稳步推进农村土地流转和劳动力转移的同时，中央和地方政府协调地引导土地和农业实现适度经营规模，继而实现城镇化和农业现代化的协同发展。

六、积极发挥政府和村集体的组织和引导作用

政府和村集体组织在农户土地流转过程中发挥了重要的组织和引导作用，农户对政府的信赖度普遍比较高，若政府能在土地流转方面继续做好组织和引导工作，有利于进一步提高农户土地流转意愿和倾向。政府应积极完善政府职能，及时制定土地流转相关政策，使土地流转更加规范化，并建立风险管理机制，为土地流转创造更多更好的平台和条件，还可以给进行土地流转的农户进行适当的补贴。

七、农村土地流转中要切实保障农民权益

随着城镇化进程的加快发展，愿意选择去城镇就业和居住的人将越来越多，但这些人又不愿放弃其在农村的土地，不能将其土地释放出来进行流转。究其原因主要是，农户担心土地流转后其权益得不到有效保障。对土地依赖性比较弱的农户，一般也愿意选择将土地租出去，这为土地流转提供了大好机会。但是愿意去城镇工作的农户一般都不愿意卖掉农村土地进城，一方面是因为土地具有养老作用，另一方面是因为农户担心土地流转之后的生活状况不好。因此，政府应做好农户养老保险工作，为农户今后养老生活提供保障，对于想要进城的农户，应提供良好的保障和支持，切实保障失地农户的切身利益，消除农户土地流转的后顾之后，更有效地推动土地流转。

八、借鉴行为经济学原理助推农户土地流转

农户土地流转行为具有理性的一面，但农户的思维和行为也有认知局限、不完全理性和行为偏差（behavioral bias），如受偏见和不准确思考模式影响，希望维持现状土地禀赋，具有恋地和惜转心理，具有禀赋效应和羊群行

为等行为特性。因此可借鉴行为经济学原理设计助推农户土地流转行为的政策,包括微调农户土地流转的决策框架,给农户提供更多充分信息和角色示范,合理增加农户土地流转决策的有效默认项,给予群体激励等政策工具。

九、加强农村土地流转政策的宣传和助推力度

农户文化程度普遍还低,受访农户中 64.61% 的文化程度都在高中及以下,较低的文化水平在一定程度上影响农户对土地流转相关政策的认知和流转后生活信心。问卷调研发现,66.67% 的农户不清楚中央出台的土地流转相关政策,在这种情况下,农户很难对土地流转有正确和完善的认知与决策。因此,政府不仅要制定合理政策,还需做好土地流转政策的宣传和助推工作,使农户充分了解土地流转相关政策,使其知道土地流转的利弊和风险,并进行积极的引导和助推,收集土地流转的供求信息并及时发布,协助土地流转主体方便办理土地流转相关手续。

十、在风险可控原则下,允许和鼓励各地积极探索农村土地流转创新实践模式

在确保土地利用总体规划确定的耕地保有量、基本农田面积和不突破建设用地总规模等基本政策前提下,按照"集体经济组织决策、农民自愿参加"的基本原则,允许各地积极探索农村土地流转实践和模式创新。我省部分发达地区已经率先进入工业化中后期,农民大多进城务工,而部分欠发达地区大量农民仍以务农与外出打工为生。从城镇化发展阶段看,发达地区已经进入城镇化加速期,农村人口存在向城镇集聚的内在动力,农民已具备变为市民的经济、文化、观念基础,政府也具有统筹城乡一体化发展的财力。而欠发达地区农村人口还不具备大规模向城镇集聚的经济基础、思想基础。从需求看,各地面临的农村土地供需矛盾不同。因此,应该允许各地在农民自愿的基础上积极探索农村土地流转的实践模式,并及时总结经验教训,做到结果可控、可调、可推广。

参考文献

Adamopoulos T., Restuccia D. Land Reform and Productivity: A Quantitative Analysiswith MicroData[J]. *American Economic Journal: Macroeconomics*, 2020,12(3):1-39.

Beekman, G. and Bulte, E. H. : Social Norms, Tenure Security and Soil Conservation: Evidence from Burundi [J]. *Agricultural System*, 2012,108(C):50-63.

Besley T., Ghatak M. Property Rights and Economic Development[M]// Rodrick, D., Rosenzweig, M. R. (Eds). *Handbook of Development Economics*. Vol.5. Amsterdam: North Holland,2010.

Besley, Timothy J., Ghatak, Maitreesh. Property Rights and Economic Development(March 2009). CEPR Discussion Paper No. DP7243, Available at SSRN: https://ssrn. com/abstract=1372563.

Brandt L., Huang J. K., Li G., Rozelle S. Land Rights in China: Facts, Fictions, and Issues[J]. *China Journal*, 2002, 47(1):67-97.

Brasselle, A. S., Gaspart, F. and Platteau, J. P. Land Tenure Security and Investment Incentives: Puzzling Evidence from Burkina Faso[J]. *Journal of Development Economics*,2002,67(2):373-418.

Carson, R. T.,Louviere, J. J., et al. Experimental Analysis of Choice [J]. *Marketing Letters*,1994,5(4): 351-368.

Chetty, R. Behavioral Economics and Public Policy: A Pragmatic Perspective

[J]. *American Economic Review*, 2015, 105(5):1-33.

De Janvry, A., Marco G. N., Kyle E., Elisabeth S. Delinking Land Rights from Land Use: Certification and Migration in Mexico [J]. *American Economic Review*, 2015, 105(10):3125-3149.

Deininger K. W., Jin S. Q., Liu S. Y., Xia F. Impact of Property Rights Reform to Support China's Rural-urban Integration: Household-level Evidence from the Chengdu National Experiment [R]. World Bank Working Paper, 2015.

Deininger K., Feder G. Land Institutions and Land Markets [M]// Gardner B, Rausser G(Eds). Handbook of Agricultural Economics. Vol.1. Amsterdam: Elsevier Science.

Deininger, K., Jin, S. Securing Property Rights in Transition: Lessons from Implementation of China's Rural Land Contracting Law [J]. *Journal of Economic Behavior & Organization*, 2009, 70(1): 22-38.

Ding, C. Policy and Praxis of Land Acquisition in China[J]. *Land Use Policy*, 2007, 24(1): 1-13.

Do, Q. T., Iyer L. Land Titling and Rural Transition in Vietnam [J]. *Economic Development and Cultural Change*, 2008, 56(3):531-579.

Duke, J. M., Marisová E., Bandlerová A., et al. Price Repression in the Sovak Agricultral Land Market[J]. *Land Use Policy*, 2004, 21(1): 59-69.

Duranton G., Ghani S. E., Goswami A. G., William K. The Misallocation of Land and Other Factors of Production in India[EB/OL]. (2015-10-26) [2020-07-28]. https://openknowledge. worldbank. org/bitstream/handle/ 10986/21660/WPS7221. pdf? sequence=1&isAllowed=y.

Feder, G., Feeny, D. Land Tenure and Property Rights: Theory and Implications for Development Policy[J]. *The World Bank Economic Review*, 1991, 5(1): 135-153.

Feng S. , Heerink N. , Ruben R. , et al. Land Rental Market, Off-Farm Employment and Agricultural Production in Southeast China: A Plot-Level Case Study[J]. *China Economic Review*,2010,21(4):598-606.

Feng, S. , Heerink N. Are Farm Households' Land Renting and Migration Decisions in Ter-related in Rural China? [J]. *Wageningen Journal of Life Sciences*, 2008, 55(4): 345-362.

Furman J. Barriers to Shared Growth: The Case of Land Use Regulation and Economic Rents [EB/OL]. (2015-09-21)[2020-10-09]. http://www. docin. com/p-1703515383. html.

Hare, D. "Push" versus "Pull" Factors in Migration Outflows and Returns: Determinants of Migration Status and Spell Duration Among China's Rural Population[J]. *The Journal of Development Studies*, 1999, 35(3): 45-72.

Hasler, B. , Lundhede, T. , Martinsen, L. , et al. Valuation of Groundwater Protection versus Water Treatment in Denmark by Choice Experiment and Contingent Valuation[R]. NERI Technical Report, No. 543,2005.

Hilber C. A. L. ,Vermeulen W. The Impact of Supply Constraints on House Prices in England[J]. *Economic Journal*, 2016, 126 (591): 358-405.

Ho S. P. S. , Lin G. C. S. Emerging Land Markets in Rural and Urban China: Policies and Practices[J]. *The China Quarterly*, 2003, 175 (3):681-707.

Holden, S. T. ,Ghebru, H. Household Welfare Effects of Low-cost Land Certification in Ethiopia [R]. Centre for Land Tenure Studies, Norwegian University of Life Sciences,2011.

Huang Z. H. , Du X. J. Assessment and Determinants of Residential Satisfaction with Public Housing in Hangzhou, China[J]. *Habitat*

International，2015，47：218-230.

Huang Z. H.，Du X. J. Strategic Interaction in Local Governments' Industrial Land Supply：Evidence from China［J］. *Urban Studies*，2017，54(6)：1328-1346.

Huang Z. H.，Du X. J. Government Intervention and Land Misallocation：Evidence from China［J］. *Cities*，2017，60，323-332.

Jacoby，H. G.，Li G.，Rozelle S. Hazards of Expropriation：Tenure Insecurity and Investment in Rural China［J］. *American Economic Review*，2002，92(5)：1420-1447.

Jacoby，H.，Minten，B. Land Titles，Investment，and Agricultural Productivity in Madagascar：A Poverty and Social Impact Analysis［R］. The World Bank，2006.

Jin，S. and Deininger，K.：Land Rental Markets in the Process of Rural Structural Transformation：Productivity and Equity Impacts from China［J］. *Journal of Comparative Economics*，37(4)：629-646，2009.

Jin，S.，Deininger，K. Land Rental Markets in the Process of Rural Structural Transformation：Productivity and Equity Impacts from China［J］. *Journal of Comparative Economics*，2009，37(4)：629-646.

Kimura，S.，Oozelle，S. Efficiency of Land Allocation through Tenancy Markets：Evidence from China［J］. *Economic Development and Cultural Change*，2011，59(3)：485-510.

Kung J. K. S. Off-farm Labor Markets and the Emergence of Land Rental Markets in Rural China［J］. *Journal of Comparative Economics*，2002，30(2)：395-414.

Laibson，D.，List J. A. Principles of（Behavioral）Economics［J］. *American Economic Review*，2015，105(5)：385-390.

Li L. X. Land Titling in China：Chengdu Experiment and Its Consequences［J］. *China Economic Journal*，2012，5(1)：47-64.

Lin, G. C. S. Scaling-up Regional Development in Globalizing China: Local Capital Accumulation, Land-centred Politics, and Reproduction of Space[J]. *Regional Studies*, 2009, 43(3):429-447.

Lin, G. C. S., Ho, S. P. S. The State, Land System, and Land Development Processes in Contemporary China[J]. *Annals of the Association of American Geographers*, 2005, 95(2): 411-436.

Long H. L., Heilig G. K., Li X. B., Zhang M. Socio-economic Development and Land-use Change: Analysis of Rural Housing Land Transition in the Transect of the Yangtse River, China[J]. *Land Use Policy*, 2007, 24(1):141-153.

Louviere, J., Hensher, D. A. Using Discrete Choice Models with Experimental Design Data to Forecast Consumer Demand for A Unique Cultural Event [J]. *Journal of Consumer Research*, 1983, 10 (3): 348-361.

Louviere, J., Woodworth, G. Design and Analysis of Simulated Consumer Choice or Allocation Experiments: An Approach Based on Aggregate Data[J]. *Journal of Marketing Research*, 1983, 20(4):350-367.

Lusk, J., Norwood, B., Pruitt, J. R. Consumer Demand for A Ban on Antibiotic Drug Use in Pork Production[J]. *American Journal of Agricultural Economics*, 2006, 88(4):1015-1033.

Mathenge, M. K., Smale, M., Tschirley, D. Off-farm Employment and Input Intensification among Smallholder Maize Farmers in Kenya[J]. *Journal of Agricultural Economics*, 2015, 66(2):519-536.

Mendola M. Migration and Technological Change in Rural Households: Complements or Substitutes? [J]. *Journal of Development Economics*, 2008, 85(1-2):150-175.

Mullan K., Grosjean P., Kontoleon A. Land Tenure Arrangements and Rural-urban Migration in China [J]. *World Development*, 2010, 39

(1):123-133.

Otsuka, K. Efficiency and Equity Effects of Land Markets[M]//Evenson, R. & Pingali, P. (Eds). *Handbook of Agricultural Economics*. Vol. 3. Amsterdam: Elsevier Science,2007:2672-2703.

Pinckney, T. C. , Kimuyu, P. K. Land Tenure Reform in East Africa: Good, Bad or Unimportant? [J]. *Journal of African Economies*, 1994,3(1):1-28.

Place, F. , Migot-Adholla, S. E. The Economic Effects of Land Registration on Smallholder Farms in Kenya:Evidence from Nyeri and Kakamega Districts[J]. *Land Economics*, 1998,74(3):360-373.

Rozelle S. , Taylor J. E. , De Brauw A. Migration, Remittances and Agricultural Productivity in China [J]. *The American Economic Review*,1999(2):287-291.

Samuelson, P. , Nordhaus, W. *Economics* (18*th ed.*) [M]. New York: McGraw-Hill/Irwin,2004.

Terry, V. D. Scenarios of Central European Land Fragmentation[J]. *Land Use Policy*, 2003, 20(2): 149-158.

Thaler, R. H. , Sunstein, C. R. *Nudge: Improving Decisions about Health, Wealth, and Happiness*[M]. New Haven: Yale University, 2008.

Tonsor, G. T. , Olynk, N. , Wolf, C. Consumer Preferences for Animal Welfare Attributes: the Case of Gestation Crates [J]. *Journal of Agricultural and Applied Economics*,2009,41(3):713-730.

Valsecchi M. Land Property Rights and International Migration: Evidence from Mexico[J]. *Journal of Development Economics*, 2014, 110(9): 276-290.

Wang H. , Wang L. L. , Su F. B. , Tao R. Rural Residential Land Use in China: Patterns, Efficiency and Prospects for Reform[J]. *Habitat International*, 2012, 36(2):201-209.

Wardman，M.，Hatfield，R.，Page，M. The UK National Cycling Strategy：Can Improved Facilities Meet the Targets［J］. *Transport Policy*，1997，4(2)：123-133.

World Bank，DRC. Urban China：Toward Efficient，Inclusive，and Sustainable Urbanization［EB/OL］.（2014-02-06）［2020-08-16］. https://elibrary. worldbank. org/doi/pdf/10. 1596/978-1-4648-0206-5.

Wu F. Land Development，Inequality and Urban Villages in China［J］. *International Journal of Urban and Regional Research*，2009，33(4)：885-889.

Yang，J.，Wang，H.，Jin，S.，et al. Migration，Local Off-farm Employment，and Agricultural Production Efficiency：Evidence from China［J］. *Journal of Productivity Analysis*，2016，45(3)：247-259.

Yang，T. D. China's Land Arrangements and Rural Labor Mobility［J］. *China Economic Review*，1997，8(2)：101-115.

Yao，Shujie. China's Rural Economy in the First Decade of the 21st Century：Problems and Growth Constraints［J］. *China Economic Review*，*Elsevier*，2002，13(4)：354-360.

Yoo D.，Steckel R. H. Property Rights and Financial Development：The Legacy of Japanese Colonial Institutions［R］. NBER Working Paper 16551，2010.

Zhou，Y.，Chand，S. Regression and Matching Estimates of the Effects of the Land Certification Program on Rural Household Income in China ［J］. *Academic Journal of Interdisciplinary Studies*，2013，2(8)：350-359.

巴曙松.土地改革是新一轮制度红利的关键[J].经济,2013,(12):19-20.

北京大学国家发展研究院综合课题组.还权赋能：奠定长期发展的可靠基础：成都市统筹城乡综合改革实践的调查研究[M].北京：北京大学出版社,2010：48-52.

毕宝德.土地经济学[M].北京:中国人民大学出版社.2001:114-120.

蔡鹭斌,段建南,张雪靓,等.农户土地流转意愿及其影响因素分析[J].四川理工学院学报(社会科学版),2013,28(5):28-33.

常修泽,高明华.中国国民经济市场化的推进程度及发展思路[J].经济研究.1998.(11):49-56

常智敏.关于农村土地流转的现状、问题及建议[J].河南农业,2009,(04):22-23.

陈会广,陈利根,马秀鹏,等.农村集体建设用地流转模式的多元化创新:基于政府与市场关系的视角[J].经济体制改革,2009,(1):87-92.

陈会广.土地权益在农民工城乡迁移意愿影响中的作用显化:基于推拉理论的分析[J].南京农业大学学报(社会科学版),2012,(1):58-66.

陈利根,陈会广.土地征用制度改革与创新:一个经济学分析框架[J].中国农村观察,2003,(6):40-47.

陈美球,吕添贵,许莉,等.外出打工对耕地流转影响的实证分析[J].农林经济管理学报,2011,10(1):13-18

陈明,武小龙,刘祖云.权属意识、地方性知识与土地确权实践:贵州省丘陵山区农村土地承包经营权确权的实证研究[J].农业经济问题,2014,35(02):65-74.

陈锡文.中国农业发展形势及面临的挑战[J].农村经济,2015,(1):3-7.

陈小林.农村土地承包经营权流转调查与思考[J].经济理论与经济管理,2011,(7):106-112.

陈昱,陈银蓉,马文博,等.基于Logistic模型的水库移民安置区居民土地流转意愿分析:四川、湖南、湖北移民安置区的调查[J].资源科学,2011,33(6):1178-1185.

程令国,张晔,刘志彪.农地确权促进了中国农村土地的流转吗?[J].管理世界,2016,(01):88-98.

仇童伟,石晓平,马贤磊.农地流转经历、产权安全认知对农地流转市场潜在需求的影响研究:以江西省丘陵地区为例[J].资源科学,2015,04:

645-653.

党国英.农村土地流转是大势所趋[J].农村实用技术,2014,(11):9-10.

丁晓丽.城市房屋拆迁补偿制度文献综述[J].宁夏党校学报,2011,02:
    61-64.

董礼洁.拆迁安置补偿制度的生存保障功能[J].华东政法大学学报,2008,
    03:18-23.

范建双,虞晓芬.浙江农村"三权"改革背景下农户宅基地空间置换意愿的影
    响因素[J].经济地理,2016,32(1):135-142.

盖凯程,李俊丽.中国城市土地市场化进程中的地方政府行为研究[J].财贸
    经济,2009(6):121-126.

高虹.我国农村土地资源市场化发展研究[J].农村经济问题研究,2010(21):
    7-8.

郭晓丽.农村土地利用中出现的问题及其分析[J].时代金融,2012(11):
    291-292.

韩冰华.我国农村土地调整及其影响因素的实证研究[J].生态经济(中文
    版),2005(8):24-27.

韩俊.城乡统筹发展中的几个问题和误区[J].中国发展观察,2010a,(3):
    7-9.

韩俊.推进农民工市民化,提高城镇化水平[J].中国乡村发现,2010b,(4):
    14-17.

韩俊.中国农村土地问题调查[M].上海:上海远东出版社,2009:316-328.

韩康.启动中国农村宅基地的市场化改革[J].国家行政学院学报,2008,(4):
    4-7.

何传启.农业现代化的基本原理和中国策略[J].中国科学基金,2012,26
    (04):223-229.

何春兰.加大土地流转力度 改善资源配置效率[J].甘肃农业,2012(12):
    13-14.

何玲,刘濛,谢敬,等.土地流转与农民社会保障体系互动关系研究:以河北

省耕地流转为例[J].农村经济,2010,(4):72-75.

洪名勇,周欢,龚丽娟,等.交易成本对农地流转影响的实证研究[J].广东农业科学,2015,42(24):212-217.

胡新艳,朱文珏,刘凯.村落地权配置的效率来源:产权匹配逻辑:来自浪山村的个案分析[J].江西财经大学学报,2014(03):76-85.

黄婉如.失地过程农民的利益主张:我国东南沿海一个村庄的案例[D].济南:山东大学,2011.

黄忠华,杜雪君,虞晓芬.地权诉求、宅基地流转与农村劳动力转移[J].公共管理学报,2012,9(3):51-59.

黄忠华,杜雪君.农村土地制度安排是否阻碍农民工市民化:托达罗模型拓展和义乌市实证分析[J].中国土地科学,2014,(7):31-38.

黄忠华,杜雪君.农户非农化、利益唤醒与宅基地流转:基于浙江农户问卷调查和有序 Logit 模型[J].中国土地科学,2011,25(8):48-53.

黄祖辉,朋文欢,米松华.有序推进农业转移人口市民化:浙江实践与思路对策[J].浙江经济,2014,(14):40-43.

黄祖辉,汪晖.非公共利益性质的征地行为与土地发展权补偿[J].经济研究,2002,(5):66-71.

黄祖辉,汪晖.非公共利益性质的征地行为与土地发展权补偿[J].经济研究,2002,37(5):66-71.

黄祖辉,王朋.农村土地流转:现状、问题及对策:兼论土地流转对现代农业发展的影响[J].浙江大学学报(人文社会科学版),2008,(02):38-47.

黄祖辉.现代农业经营体系建构与制度创新:兼论以农民合作组织为核心的现代农业经营体系与制度建构[J].经济与管理评论,2013,(6):5-16.

吉登艳,马贤磊,石晓平.林地产权对农户林地投资行为的影响研究:基于产权完整性与安全性:以江西省遂川县与丰城市为例[J].农业经济问题,2015,36:54-61.

吉登艳,马贤磊,石晓平.林地产权对农户林地投资行为的影响研究:基于产权完整性与安全性:以江西省遂川县与丰城市为例[J].农业经济问题,

2015,36:54-61.

贾春泽.中国农村土地制度现状及今后改革方向探讨[D].北京:首都经济贸易大学,2006.

姜大明.建立城乡统一的建设用地市场[J].国土资源导刊,2013,(12):32-35.

蒋省三,刘守英,李青.中国土地政策改革[M].上海:上海三联书店,2010:18-26.

晋洪涛.农民的农地权属认知与行为反应:基于567个样本的分析[J].农村经济,2011,(7):31-34.

乐章.农民土地流转意愿及解释:基于十省份千户农民调查数据的实证分析[J].农业经济问题,2010,(2):64-69.

黎霆,赵阳,辛贤.当前农地流转的基本特征及影响因素分析[J].中国农村经济,2009,10:4-11.

李春香.农民工农村退出意愿及农村土地制度改革制度需求分析:以湖北问卷调查为例[J].湖北社会科学,2015(10).

李恒.农村土地流转的制度约束及促进路径[J].经济学动态,2015,(6):87-92.

李京梅,陈琦,姚海燕.基于选择实验法的胶州湾湿地围垦生态效益损失评估[J].资源科学,2015,01:68-75.

李明艳,陈利根,石晓平.非农就业与农户上地利用行为实证分析:配置效应、兼业效应与投资效应:2005年江西省农户调研数据[J].农业技术经济,2010(3),41-51.

梁小民.舒尔茨及其《改造传统农业》[J].世界经济,1985,11:75-77.

林文声,杨超飞,王志刚.农地确权对中国农地经营权流转的效应分析:基于H省2009－2014年数据的实证分析[J].湖南农业大学学报(社会科学版),2016,(01):15-21.

林奕田.土地资源配置市场化机制研究[D].厦门:厦门大学,2006:1-36.

刘骏,杨莹莹.虚拟控制权、土地制度路径依赖与农户土地流转:土地产权残缺性下的行为分析[J].农村经济,2014(07):38-43.

刘莉君.农村土地流转的国内外研究综述[J].湖南科技大学学报(社会科学版),2013,16(01):95-99.

刘力豪、陈志刚、陈逸.土地市场化改革对城市工业用地规模变化的影响[J].2015,34(9).

刘守英.城乡共同发展方能解决"三农"问题[J].发展,2013,(3):79.

刘守英.适应新常态的中国土地政策与城市化[J].小城镇建设,2015,(10):18-19.

刘晓宇,张林秀.农村土地产权稳定性与劳动力转移关系分析[J].中国农村经济,2008(02):29-39.

龙开胜,陈利根.基于农民土地处置意愿的农村土地配置机制分析[J].南京农业大学学报(社会科学版),2011,11(4):80-87.

卢为民.推动供给侧结构性改革的土地制度创新路径[J].城市发展研究,2016,(6):66-73.

罗必良,何应龙,汪沙,等.土地承包经营权:农户退出意愿及其影响因素分析:基于广东省的农户问卷[J].中国农村经济,2012,(6):4-19.

罗必良,李尚蒲.农地流转的交易费用:威廉姆森分析范式及广东的证据[J].农业经济问题,2010,12:30-40.

罗必良.农地流转的市场逻辑:"产权强度-禀赋效应-交易装置"的分析线索及案例研究[J].南方经济,2014,05:1-24.

罗必良.农地确权、交易含义与农业经营方式转型——科斯定理拓展与案例研究[J].中国农村经济,2016,(11):2-16.

马爱慧,蔡银莺,张安录.基于选择实验法的耕地生态补偿额度测算[J].自然资源学报,2012,07:1154-1163.

马贤磊,仇童伟,钱忠好.农地产权安全性与农地流转市场的农户参与:基于江苏、湖北、广西、黑龙江四省(区)调查数据的实证分析[J].中国农村经济,2015,02:22-37.

马贤磊.农地产权安全性对农业绩效影响:投资激励效应和资源配置效应:

来自丘陵地区三个村庄的初步证据[J].南京农业大学学报(社会科学版),2010,10(4):72-79.

缪祥露.农村集体土地承包经营权证刍议[J].云南农业,2011(6):47-48.

莫文婷.我国土地流转的问题及其对策研究[D].北京:北京邮电大学,2010.

钱文荣,卢海阳.城市化加速进程中农村土地制度研究:一个综述[J].财贸研究,2012,(5):1-7.

钱忠好,冀县卿,刘芳.外部利润、同意一致性与农村集体非农建设用地使用制度创新:昆山富民合作社制度创新的理论解析[M]//张曙光.中国制度变迁的案例研究(土地卷).北京:中国财政经济出版社,2011.

钱忠好,马凯.我国城乡非农建设用地市场:垄断、分割与整合[J].管理世界,2007,(6):38-44.

钱忠好,牟燕.中国土地市场化水平:测度及分析[J].管理世界,2012(7):67-75,95.

钱忠好,牟燕.中国土地市场化水平地区差异分析[J].江苏社会科学,2012,(4):45-53.

钱忠好.农村土地承包经营权产权残缺与市场流转困境:理论与政策分析[J].管理世界,2002,(6):35-45.

曲福田,石晓平.城市国有土地市场化配置的制度非均衡解释[J].管理世界,2002(6):46-53.

曲福田,吴郁玲.土地市场发育利用集约度的理论与实证研究:以江苏省开发区为例[J].自然资源学报.2007.22(3):445-454.

施建刚,徐奇升,魏铭材.农村集体建设用地流转中的政府失灵:表现、原因及其矫正:以上海市为例[J].农村经济,2016,(2):29-33.

谭荣.征收和出让土地中政府干预对土地配置效率影响的定量研究[J].中国土地科学,2010,24(8):21-26.

唐健,王庆日,谭荣,等.土地改革:集体建设用地流转路径探寻[N].社会科学报,2014-06-05(01).

唐俊.中国土地流转制度历史演变探析[J].法制与社会,2015,(19):13-14.

唐鹏,李建强,肖君.土地市场化程度的地区差异分析[J].资源与产业,2010,
　　12(6):161-166.

陶然,汪晖.中国尚未完之转型中的土地制度改革:挑战与出路[J].国际经济
　　评论,2010,(2):93-123.

田传浩,方丽.土地调整与农地租赁市场:基于数量和质量的双重视角[J].经
　　济研究,2013,(1):110-121.

田光明,曲福田.中国城乡一体土地市场制度变迁路径研究[J].中国土地科
　　学,2010(2):24-30.

田光明,曲福田.中国城乡一体土地市场制度变迁路径研究[J].中国土地科
　　学,2010,(2):24-30.

田竟.浅析城市拆迁补偿问题[J].法制博览,2015,18:183.

王春超.农村土地流转、劳动力资源配置与农民收入增长:基于中国 17 省份
　　农户调查的实证研究[J].农业技术经济,2011(1):93-101.

王克强,梁智慧.对我国发展农民专业合作社的思考[J].农业经济,2010,
　　(11):42-43.

王克强,赵露,刘红梅.城乡一体化的土地市场运行特征及利益保障制度[J].
　　中国土地科学,2010,24(12):52-57.

王文智,武拉平.城镇居民对猪肉的质量安全属性的支付意愿研究:基于选
　　择实验(Choice Experiments)的分析[J].农业技术经济,2013,(11):
　　24-31.

王小映.全面保护农民的土地财产权益[J].中国农村经济,2003,(10):9-16.

王晓东,刘金声.对城中村改造的几点认识[J].城市规划,2003,11:70-72.

王正攀,彭小兵,曾国平.城市拆迁补偿政策研究[J].理论与改革,2010,05:
　　69-73.

魏后凯.新常态下中国城乡一体化格局及推进战略[J].中国农村经济,2016
　　(01).

魏建博.关于城中村拆迁补偿的解决建议[J].科技资讯,2010,13:230.

温忠麟,叶宝娟.中介效应分析:方法和模型发展[J].心理科学进展,2014,22

(5):731-745.

文兰娇,张安录.长三角地区与珠三角地区农村集体土地市场发育与运行比
　　较研究:基于上海市松江区、金山区和广东省南海区、东莞市 4 地实证分
　　析[J].中国土地科学,2016,30,(10):64-71.

吴百花.土地流转过程中的多元主体博弈分析:关于义乌市土地流转的调查
　　与思考[J].中共浙江省委党校学报,2009,(2):115-119.

吴次芳,谭荣,靳相木.中国土地产权制度的性质和改革路径分析[J].浙江大
　　学学报(人文社会科学版),2010,(6):22-29.

吴群,陈伟.中国城市工业用地利用效率研究[M].北京:科学出版社,2015:
　　3-12.

吴晓佳.我国土地流转现状[J].中国猪业,2015,(5):20-20.

吴旭鹏,张亚丽,刘秀华."城中村"改造过程中的房屋拆迁补偿问题调查与
　　思考[J].中国农学通报,2010,06:372-376.

吴玉锋.农村社会资本与参保决策研究:基于对 3066 个农民的调查[D].武
　　汉:华中科技大学,2012.

吴郁玲,袁佳宇,余名星,等.基于面板数据的中国城市土地市场发育与土地
　　集约利用的动态关系研究[J].中国土地科学,2014,28(3):52-58.

武剑.中国农地地权安全性研究:内涵与测量[J].中国农村观察,2009(2):
　　19-24,95.

熊成喜,陈银蓉,张舒.水库移民安置区土地流转规模的影响因素分析:基于
　　Logistic 模型的实证研究[J].资源与产业,2010,12(3):77-80.

徐建春,李长斌,徐之寒,等.农户加入土地股份合作社意愿及满意度分析:
　　基于杭州 4 区 387 户农户的调查[J].中国土地科学,2014,(10):4-11.

徐美银,陆彩兰,陈国波,等.发达地区农民土地流转意愿及其影响因素分
　　析:来自江苏的 566 户样本[J].经济与管理研究,2012,(7):66-74.

徐美银,钱忠好.农民认知与中国农地制度变迁研究[J].社会科学,2009(5):
　　62-69.

徐宗威.《物权法》中关于农村宅基地使用权有条件转让问题[J].城乡建设,

2006,(5):42-45.

许恒周,郭忠兴.农村土地流转影响因素的理论与实证研究:基于农民阶层分化与产权偏好的视角[J].中国人口、资源与环境,2011,03:94-98.

严金明,王晨.基于城乡统筹发展的土地管理制度改革创新模式评析与政策选择:以成都统筹城乡综合配套改革试验区为例[J].中国软科学,2011,(7):1-8.

杨金阳,周应恒,黄昊舒.农地产权、劳动力转移和城乡收入差距[J].财贸研究,2016(06):41-53.

杨卫忠.农村土地经营权流转中的农户羊群行为:来自浙江省嘉兴市农户的调查数据[J].中国农村经济,2015(2),38-51.

姚洋.中国农地制度:一个分析框架[J].中国社会科学,2000,(02):54-65,206.

叶剑平,丰雷,蒋妍,罗伊·普罗斯特曼,朱可亮.2008年中国农村土地使用权调查研究:17省份调查结果及政策建议[J].管理世界,2010,(01):64-73.

叶剑平,罗伊·普罗斯特曼,徐孝白,等.中国农村土地农户30年产权调查研究:17省调查结果及政策建议[J].管理世界,2000,02:163-172.

尹厚俊.我国城市建设用地市场化配置方式及其全过程管理研究:以上海为例[D].北京:中国社会科学院,2014.

游和远,吴次芳,鲍海君.土地流转、非农就业与农地转出户福利:来自黔浙鲁农户的证据[J].农业经济问题,2013(3):16-25.

游和远,吴次芳.农地流转、禀赋依赖与农村劳动力转移[J].管理世界,2010(3):65-75.

袁铖.城乡一体化进程中农地非农化问题研究[J].农业经济问题,2011(7):31-35.

曾子成,刘骏.基于Logistic模型的城乡统筹试验区农户土地流转意愿实证研究:以荆门市掇刀区为例[J].安徽农业科学,2012,40(35):17332-17334.

张安良.山东省农村劳动力转移研究[D].北京:北京林业大学,2012.

张海丰.论我国农村土地制度的历史变迁[D].桂林:广西师范大学,2008.

张林山.土地资源市场化配置:问题、难点与下一步改革思路[J].中国经贸导刊,2015(27):42-45.

张林秀,刘承芳.从性别视角看中国农村土地调整中的公平问题:对全国1199个农户和2459个村的实证调查[J].现代经济探讨,2005,(10):17-23.

张梦琳,陈利根.农村集体建设用地流转的资源配置效应及政策含义[J].中国土地科学,2008(11):72-75.

张梦琳.农村集体建设用地流转对资源配置的影响评析[J].中国人口、资源与环境,2011,21(6):44-48.

张平.城镇化与土地流转互动:机制、问题与调控研究[J].社会科学战线,2014,(6):38-45.

张曙光.博弈:地权的细分、实施和保护[M].北京:社会科学文献出版社,2011:75-140.

张术环,孔令德.完善我国征地补偿安置机制的对策和建议[J].农业经济,2006,10:48-49.

张向东.论我国城市房屋拆迁补偿制度之重构[J].武汉理工大学学报(社会科学版),2010,02:223-227.

张小红.基于选择实验法的支付意愿研究:以湘江水污染治理为例[J].资源开发与市场,2012,07:600-603.

张征.中国农村土地产权稳定性及政策研究[D].北京:中国农业大学,2007.

赵光,李放.非农就业、社会保障与农户土地转出:基于30镇49村476个农民的实证分析[J].中国人口、资源与环境,2012,10:102-110.

赵光,李放.养老保险对土地流转促进作用的实证分析[J].中国人口、资源与环境,2014,24(9):118-128.

赵珂、石小平、曲福田.我国土地市场发育程度测算与实证研究:以中、东、西部为例[J].经济地理.2008.28(5):821-825

赵阳.新形势下完善农村土地承包政策若干问题的认识[J].经济社会体制比较,2014,(2):1-4.

赵雲泰,黄贤金,钟太洋,等.中国土地市场化测度实证研究[J].资源科学,2012(07):11333-1339.

郑振源.建立适应土地资源市场配置的国家宏观调控体系[J].中国土地科学,2012,(3):14-17,54.

钟文晶,罗必良.禀赋效应、产权强度与农地流转抑制:基于广东省的实证分析[J].农业经济问题,2013,(03):6-16,110.

钟晓兰,李江涛,冯艳芬,等.农户认知视角下广东省农村土地流转意愿与行为研究[J].资源科学,2013,35(10):2082-2093.

周其仁.农地产权与征地制度:中国城市化面临的重大选择[J].经济学季刊,2004,(1):193-210.

朱喜,史清华,李锐.转型时期农户的经营投资行为:以长三角15村跟踪观察农户为例[J].经济学(季刊),2010,9(2):713-730.

附　　录

附录一:供给侧改革下土地要素市场化配置及制度需求调研分析问卷[①]

问卷编号:_____

调查地点:_____省(区、市)_____市(县、区)_____镇_____村

土地流转及市场化配置调查问卷

尊敬的先生/女士:

　　您好！非常感谢您在百忙之中填写这份问卷,我们是农村土地流转及其市场化配置效应课题组,正在进行土地制度改革方面的研究,感谢您的支持！我们将保护您的信息,请您放心真实填写。

一、个人基本信息

1. 您的性别:①男　②女　您的年龄:_____

2. 您的学历:①小学及以下　②初中　③高中　④大学　⑤研究生及以上

3. 您的家庭人口数是:_____人,其中劳动人口有_____人,外出打工有_____人,在哪里打工:①附近乡镇　②当地县城　③本省其他县　④外省

4. 您从事的职业:①务农　②企业人员　③私营企业主/个体户　④村干部

————————————————

① 此调查问卷为第五章调查问卷。

⑤自由职业者　⑥学生　⑦退休人员　⑧无业　⑨其他

5.您的家庭年收入：_____，其中农业收入有_____。

6.您是否参加养老保险:①无　②农村养老保险　③城镇居民养老保险

7.您现在的户籍是:①农村　②城镇

8.您是否愿意以农村土地换城镇户籍？①否　②是

9.您是否愿意卖掉农村的耕地和住房来进城买房:①否　②是

10.假设您在城里买了房子或在城市工作居住,你是否认为有必要保留农村的耕地和房子:①没必要保留　②可能会保留　③一定要保留

二、家庭土地基本情况

1.家里是否有承包地？①否　②是　如果有,请问大概有_____亩耕地？

2.你家是否有土地租赁？租入_____亩耕地,租出_____亩耕地。

3.您家宅基地面积多大:①60平方米以下　②60～90平方米　③90～120平方米　④120平方米以上

4.请问您家有几间房:①1间　②2间　③3间　④4间及以上

5.您家的承包地是否有土地承包经营权证？①否　②是

6.您家宅基地是否有宅基地使用权证:①否　②是

7.您家的房屋有房产权证吗:①否　②是

8.最近10年来,您经历过几次土地调整？

①0次　②1次　③2次　④3次　⑤4次及以上

9.土地调整的原因是？（若无土地调整则不填）

①人口变化　②村干部意愿　③土地整治　④征地拆迁

⑤上一轮承包到期

10.请问您是否愿意进行土地流转？①愿意　②不确定　③不愿意

11.如果您的邻居土地流转了,您会考虑也流转吗:①不会　②可能会

③会

12.请问您是否发生过土地流转？①否　②是

13.您家土地流转的形式是什么？①转让、转包　②互换　③他人代耕

④抵押

14. 您家土地流转的主要途径是以下哪项？

　　①完全自发　②村集体组织　③政府组织　④其他(请注明)_____

15. 您认为现在要推进农村土地流转,最需要做什么？

　　①政策讲解　②成功样板　③成立交易市场　④中介服务人员

　　⑤政府组织

16. 若土地能够自由流转,你可能会_____。

　　①租出土地　②租进土地　③入股　④抵押　⑤买卖

17. 您是否愿意参加农业合作社？①不愿意　②愿意

18. 您是否愿意给种粮大户或到农业合作企业那里去打工:①不愿意　②愿意

19. 您觉得土地流转对你来说是好事还是坏事_____。

　　①不是好事,农民生活更困难了　②可能好、可能坏,目前还不太清楚

　　③好事,农地的效益能得到提高,我们农民也可以自由选择职业

三、土地产权认识

1. 您是否知道耕地承包期？①不知道　②知道　如果知道请写出承包期年

2. 您认为您的土地未来可能被调整吗:①不会　②可能会　③会

3. 您认为您的土地产权稳定吗:①不稳定　②一般　③很稳定

4. 您认为承包地的所有权应归谁？

　　①农民个人所有　②集体所有　③国家所有

5. 您是否知道农田基本保护政策？①不知道　②知道

6. 您认为耕地保护是否重要？①不太重要　②重要,但不能过分强调

　　③很重要

7. 如果允许农村承包地能够自由流转,您赞同_____。

　　①流转给本村农民　②流转给种粮大户　③流转给农业合作社和公司

　　④希望政府来组织土地流转　⑤想流转给谁都可以

8. 如果允许农村承包地自由流转,您希望实现的方式是_____。

　　①抵押　②租赁　③买卖

9. 如果允许宅基地能流转,您希望_____。

　　①流转给本村农民　②流转给本县居民　③想流转给谁都可以

10. 如果允许宅基地流转,您希望实现的方式是_____。

　　①抵押　②租赁　③买卖

11. 您是否知道中央正在积极出台农村土地流转政策,要盘活农村土地资产?

　　①不清楚　②知道一些　③清楚

12. 您对三权分置(将您土地的承包经营权分离出承包权和经营权,分离后您拥有承包权,承租户拥有经营权)是否了解_____。

　　①完全了解　②了解　③知道一些　④不了解

13. 您是否担心土地经营权从承包经营权分离出去,您租出去的土地可能收不回来_____。

　　①很担心　②有点担心　③不担心

14. 您是否担心三权分置后,您租出去的土地肥力下降_____。

　　①很担心　②有点担心　③不担心

四、生活情况

1. 您觉得您现在生活幸福吗?

　　①很不幸福　②不幸福　③一般　④比较幸福　⑤很幸福

2. 跟过去比,生活有没有改善?

　　①明显变差　②稍微变差　③基本不变　④稍微变好　⑤明显变好

3. 跟别人生活比,您觉得_____。

　　①比别人差　②差不多　③比别人好

4. 您是否经历过拆迁?①否　②是

5. 您认为您家将来是否有可能会拆迁_____。

　　①不会　②近3年内会拆迁　③会拆迁,具体什么时候拆不清楚

6. 您所在村有没有土地纠纷和矛盾?①无　②有

7. 土地纠纷和矛盾的来源是_____。

　　①土地归属有争议　②村集体土地调整　③征地拆迁　④邻里土地纠纷

　　⑤土地收益分配不公　⑥政策不透明

8. 您是否觉得周围人是可信任的_____。

　　①很不可信　②有点不可信　③　一般　④有点可信　⑤很可信

五、劳动力转移

1. 在土地流转之后是否想要寻找新的工作？

　　①是　②不一定　③不是

2. 您希望新工作在哪类城镇？

　　①当地乡镇　②当地县城　③本省大城市　④外省城市

3. 土地流转后，你希望从事哪一类的工作？

　　①基础劳动　②服务类工作　③经培训后从事技术类工作　④个体经营户

　　⑤暂时没有什么想法

4. 你从事此类工作的原因是什么？

　　①收入高　②技术水平要求低　③未来发展前景好　④大家都在做这个

六、流转过程中受益

1. 土地流转方向

　　①流转给农业合作社　②流转给企业　③流转给政府

2. 您的土地流转后，主要被用于_____。

　　①商业开发　②政府公共事业（修公路、铁路等）　③大规模的农业生产

　　④其他

3. 跟您的家庭年收入相比，土地流转后，您希望获得多少补偿？

　　①年收入一半　②与年收入差不多　③年收入的 2 倍　④年收入的 3 倍

　　⑤年收入的 4 倍及以上

4. 若您家的土地被征收用于商业开发，土地增值收益您认为该如何分配？

　　①全归个人　②个人 70%，政府 30%　③个人与政府都为 50%

　　④个人 30%，政府 70%　⑤全归政府

5. 土地流转后，您是否愿意以承包地换养老保险？　①否　②是

　　　　　　　　　　　　　谢谢您的配合！祝您身体健康，合家幸福！

附录二 山东、浙江两省农村土地承包经营权流转意愿调查问卷①

问卷编号：_____

调查地点：_____省（区、市）_____市（县、区）_____镇_____村

农村土地承包经营权流转意愿调查问卷

尊敬的先生/女士：

您好！非常感谢您在百忙之中填写这份问卷，我们正在进行农村土地制度改革方面的研究，感谢您的支持！我们将保护您的信息，请您放心真实填写。

1. 家庭户主年龄：_____

   户主婚姻状况：①已婚　②未婚

2. 户主学历：①小学及以下　②初中　③高中　④大学　⑤研究生及以上

3. 您的家庭人口数是：_____人，其中劳动人口有_____人。

   外出打工有：_____人（年打工累计时间超过 6 个月），在哪里打工_____。

   ①附近乡镇　②当地县城　③本省其他县　④外省

4. 您从事的职业：①务农　②企业人员　③私营企业主/个体户　④村干部

   ⑤自由职业者　⑥学生　⑦退休人员　⑧无业　⑨其他_____

5. 您的家庭年收入：_____，其中农业收入有_____。

6. 您是否参加养老保险？①无　②是

7. 您家庭成员中是否有党员？①无　②有

8. 您是否打算在城镇居住和工作？①否　②是

9. 您是否经历过征地？①否　②是

10. 您认为您家 5 年内是否会被征地？①不会　②会

11. 家里是否有承包地？①否　②是　如果是，请问有几亩农地？_____

_____

① 此调查问卷为第十章调查问卷。

12.您家的承包地是否有土地承包经营权证？①否　②是

13.最近 10 年来,您经历过几次土地调整？

　　①0　②1 次　③2 次　④3 次　⑤4 次及以上

14.若有,土地调整的原因是什么？

　　①人口变化　②村干部意愿　③土地整治　④征地拆迁

15.你家是否有土地流转？①否　②是　租入_____亩农地,租出_____

亩农地。

16.若有土地流转,土地流转的合同方式是什么？

　　①口头协议　②书面合同

　　土地流转形式是什么？

　　①转让、转包　②互换　③代耕　④抵押　⑤入股

17.您是否知道农地承包期？①不知道　②知道　如果知道请写出承包期

_____年

18.您认为您的土地未来可能被调整吗:①不会　②可能会　③会

19.您觉得农村土地流转风险如何？①很小　②有一些　③很大

20.您是否赞同土地自由买卖？①赞同　②有点不赞同　③不赞同

21.您是否知道中央出台了允许承包地和宅基地抵押的政策？①是　②否

22.您家地里目前是否使用农家肥？①是　②否　如果是,大概比例

为_____

23.最近 3 年内,您是否在田地里焚烧过秸秆？①否　②是

24.您目前农地的主要利用方式:①粮食作物　②高附加值经济作物

25.您未来是否打算在农地上种植更多的经济作物？①否　②是

26.您是否考虑未来增添一些农机设备和设施(如蔬菜大棚、仓库、播种收割

机设备)？①不会　②可能会　③很可能会

再次感谢您对此次问卷调查的配合！

图书在版编目（CIP）数据

土地流转与城乡发展 / 杜雪君，黄忠华著. — 杭州：
浙江大学出版社，2020.12

ISBN 978-7-308-20874-1

Ⅰ．①土… Ⅱ．①杜… ②黄… Ⅲ．①农村－土地流
转－关系－城乡一体化－发展－研究－中国 Ⅳ．①F321.1
②F299.2

中国版本图书馆 CIP 数据核字（2020）第 241141 号

土地流转与城乡发展

杜雪君　黄忠华　著

责任编辑	曾　熙	
责任校对	傅宏梁	
封面设计	春天书装	
出版发行	浙江大学出版社	
	（杭州市天目山路 148 号　邮政编码 310007）	
	（网址：http://www.zjupress.com）	
排　　版	杭州朝曦图文设计有限公司	
印　　刷	浙江新华数码印务有限公司	
开　　本	710mm×1000mm　1/16	
印　　张	12.25	
字　　数	188 千	
版印次	2020 年 12 月第 1 版　2020 年 12 月第 1 次印刷	
书　　号	ISBN 978-7-308-20874-1	
定　　价	42.00 元	